TÚ PUEDES TENER UNA GRAN VIDA

DALE CARNEGIE

TÚ PUEDES TENER UNA GRAN VIDA

*Guía práctica para aplicar
una visión vital a tu día a día*

URANO

Argentina – Chile – Colombia – España
Estados Unidos – México – Perú – Uruguay

Título original: *Life Is Short, Make It Great!*
Editor original: Manjul Publishing House
Traducción: Rut Abadía

1.ª edición Mayo 2022

Copyright © 2013 *by* JMW Group Inc.
All Rights Reserved
© DCA Rights licensed exclusively by JMW Group jmwgroup@jmwgroup.net
© 2022 de la traducción *by* Rut Abadía
© 2022 *by* Ediciones Urano, S.A.U.
Plaza de los Reyes Magos, 8, piso 1.º C y D – 28007 Madrid
www.edicionesurano.com

ISBN: 978-84-17694-70-8
E-ISBN: 978-84-19029-90-4
Depósito legal: B-4.897-2022

Fotocomposición: Ediciones Urano, S.A.U.
Impreso por: Rotativas de Estella – Polígono Industrial San Miguel Parcelas E7-E8
31132 Villatuerta (Navarra)

Impreso en España – *Printed in Spain*

Índice

Prefacio   13

1. Una gran vida comienza con una visión personal   17
   Visión vital, vida vital   18
   Cómo redactar tu declaración de misión personal.   20
   La magia de los hábitos.   22
   Desglosar, hacer realidad   24

2. Una gran vida significa estar a la altura
   de nuestros valores más elevados   27
   Un código por el que regirse   28
   Autoevaluación ética   30
   Con la vista despejada, no a ciegas   32
   Vigilar la «mensajería de texto interna»   34

3. El poder personal. Encuéntralo y mantenlo.   37
   Un inventario de activos   37
   Seis maneras de aumentar la confianza en uno mismo
   y el poder personal.   41

4. La belleza de una vida equilibrada   45
   ¿Hacia dónde nos inclinamos?   46
   Una pequeña prueba de equilibrio.   48
   Los «conceptos básicos del equilibrio» de Dale Carnegie   49
   Herramientas de reequilibrio   49
   Sé realista   51

5. **Una gran vida minimiza el estrés y la preocupación...** 53

Una lista de control del estrés 54

Elige un punto de vista diferente 55

Lo que hacen los imperturbables....................... 55

Cuestionar el estrés 56

Fuentes de estrés laboral............................... 57

Reducción del estrés mediante nuevos hábitos de trabajo.... 58

6. **El agotamiento no tiene cabida en una gran vida** 67

El estrés frente al agotamiento 68

Medidas de prevención del agotamiento.................. 68

7. **Una gran vida comienza con un cuerpo sano** 75

Descansar es lo más productivo......................... 77

Comer sano 80

8. **Cómo desarrollar un gran don de gentes** 89

Practicar el liderazgo cotidiano 91

9. **El carisma: el mejor ingrediente del éxito**............. 99

Prueba tu cociente de carisma 99

Errores que destruyen el carisma....................... 100

El comunicador carismático se adapta 103

Cómo nuestra imagen puede ayudar a que los demás
    nos vean como carismáticos 104

Consejos para aumentar nuestro cociente de carisma 105

10. **Cómo causar una buena primera impresión** 107

Contacto visual 107

Apretones de manos 110

Lenguaje corporal 112

Leer las señales corporales de los demás................. 115

11. Conocer gente nueva es esencial para una gran vida .. 117

    Reinventar la «charla de fiesta» 117

    Escuchar para oír *de verdad* 122

    Puntuación de la capacidad de escucha. 124

12. Una gran vida trasciende su generación 127

    En busca de lo inesperado 128

    Las diferencias saludables promueven el crecimiento 130

    Es un contrato de larga duración. 131

    Romper el hielo con suavidad 134

    El medio lo dice todo 134

13. Encontrar una gran satisfacción al contratar
    o ser contratado 137

    Reglas de compromiso en el trabajo de Dale Carnegie 138

    Jugadores A, B y C. 140

    Cómo motivar a las diferentes personalidades
    del lugar de trabajo 142

14. Para una gran vida, ¡delega! 147

    Decidir cuándo delegar y cuándo no. 147

    Las claves de la productividad 148

    No delegues ni autorices a la ligera 149

    No has delegado con éxito si... 150

    Has delegado con éxito si. 152

15. Tratar con personas difíciles puede tener grandes
    resultados 153

    Una lista de cosas bajo nuestro control. 154

    Cómo tratar con diferentes tipos de personas difíciles 154

    Doce consejos para negociar y llegar a acuerdos
    con personas difíciles. 156

16. Todo conflicto puede tener una gran resolución 161

Un nuevo enfoque del conflicto 161

Manejo de conflictos interpersonales 164

**17. Mantener la calma en medio del conflicto
es una gran hazaña** 167

Interpretación. 168

Expresiones emocionales destructivas 171

Claves para una expresión emocional sana 173

18. Las emociones controladas son de gran ayuda 179

La competencia de la inteligencia emocional 180

Más información sobre el coeficiente
de inteligencia emocional 182

Mejorar la inteligencia emocional en la empresa
sale rentable 183

19. La multitarea puede ser genial, cuando funciona 187

Cuatro mitos de la multitarea. 187

Encontrar el punto óptimo de la multitarea 189

20. 5 claves para alcanzar la grandeza que deseas 195

Un modelo para organizar y priorizar. 196

Priorización de actividades. 197

Cómo eliminar los obstáculos más comunes 198

El proceso de priorización 199

21. Organízate para una gran vida. 201

La organización permite concentrarse. 201

Ser más organizado 203

Procrastinación, el saboteador furtivo. 207

22. Es genial ganar amigos e influir sobre las personas. . . . 211

Hacer comentarios basados en las fortalezas 212

Ganaremos el mundo compartiendo la gloria 213

Apéndice A: Acerca de Dale Carnegie. 217

Apéndice B: Los principios de Dale Carnegie 219

Conviértete en una persona más amigable 219

Principios fundamentales para superar la preocupación 220

Técnicas básicas para analizar la preocupación 221

Rompe el hábito de la preocupación antes de que
te rompa a ti 221

Cultiva una actitud mental que te traiga paz y felicidad. 223

Prefacio

¡Despierta y vive! No estás destinado a ser infeliz, consumido por el miedo y la preocupación, a sufrir de mala salud y a sentirte rechazado e inferior. Tienes dentro de ti el poder de enriquecer tu vida: el poder de superar la adversidad y alcanzar la felicidad, la armonía, la salud y la prosperidad.

Tanto si te encuentras en el umbral de tu vida adulta como si estás bien adentrado en ella, nunca es demasiado tarde para evaluar lo que has logrado, lo que desearías haber logrado y lo que puedes lograr en los años venideros. Incluso si tu vida hasta ahora no ha sido tan gratificante como esperabas, no importa cuál sea tu edad, todavía puedes hacer que tu futuro no sea sólo mejor, sino verdaderamente grande.

Con este libro aprenderás, a partir de los principios establecidos por Dale Carnegie, ampliados por sus sucesores y aplicados por los millones de hombres y mujeres que los han seguido, a cómo programar tu enfoque para la variedad de situaciones que encuentras en tu vida. Aprenderás a diagnosticar tus puntos fuertes y débiles, y a potenciar los fuertes y superar los débiles.

Entre los aspectos de enriquecimiento vital que adquirirás con este libro están:

- Cómo equilibrar las fases clave de tu vida: personal, profesional y social.
- Cómo minimizar el estrés y las preocupaciones.
- Cómo desarrollar un estilo de vida orientado a la salud.
- Cómo interactuar más eficazmente con los demás.

- Cómo convertirte en una persona carismática.
- Cómo tratar con personas difíciles.
- Cómo tomar el control de tus emociones.

Además de muchas, muchas más formas de dominar y disfrutar de tu vida, como se indica en el índice.

Para que estos principios te sirvan, primero debes entender cómo afrontas actualmente las vicisitudes de la vida. Para ayudarte a identificar estos rasgos y a determinar tus necesidades especiales, en este libro encontrarás inventarios autoadministrados para identificar tus puntos fuertes y débiles en diferentes facetas de tu vida. Entre ellos hay inventarios que te permiten:

- Evaluar los equilibrios y desequilibrios en tu vida.
- Medir la cantidad de estrés a la que te enfrentas y cómo lo afrontas.
- Analizar cómo afrontas el rendimiento y el progreso en tu trabajo y carrera.
- Poner a prueba tu «cociente de carisma».
- Evaluar si realmente escuchas.
- Medir tu «inteligencia emocional».
- Puntuar tus habilidades para afrontar los conflictos a los que te enfrentas.

Los consejos y las sugerencias que aquí se presentan enriquecerán tu vida. No son teóricos, ni sermones o discursos filosóficos. Provienen de años y años de experiencia de personas como tú que los han aplicado y han cambiado sus vidas de existencias medias y mediocres a vidas gratificantes, satisfactorias, significativas y a menudo emocionantes.

Para que esta guía sea algo más que un libro que lees y luego guardas en tu estantería tienes que desarrollar un plan para convertir lo que lees en pasos de acción. A medida que avances con cada capítulo, haz los cuestionarios de autoevaluación, identifica tus puntos fuertes y débiles y, a continuación, aplica los consejos y las técnicas a tu vida. Concéntrate en aquellos conceptos que son específicos para tus necesidades y escribe un plan sobre cómo los pondrás en práctica. Esto es sólo el principio, y a continuación debes incorporarlos a tu vida. Revisa tu plan periódicamente para evitar la regresión a los viejos hábitos.

Ahora es el momento de empezar.

Lee.

Aprende.

Aplícalo.

Únete a los millones de personas que, gracias a las enseñanzas de Dale Carnegie y sus sucesores, han superado sus problemas y preocupaciones, han transformado sus vidas y han alcanzado la grandeza.

1

Una gran vida comienza con una visión personal

El diccionario —que, a diferencia del ordenador, es una herramienta de liderazgo esencial— contiene múltiples definiciones de la palabra «misión». La más apropiada aquí es «propósito», que significa «razón de ser». «Visión», por el contrario, es «un cuadro o imagen del futuro que pretendemos crear», y... cómo pretendemos vivir mientras perseguimos nuestra misión.

PETER M. SENGE

Oímos hablar una y otra vez sobre el poder de una visión personal convincente. Lo oímos indefectiblemente de los mejores oradores motivacionales, y es difícil encontrar un libro sobre autodesarrollo o desarrollo organizativo que no dé testimonio de la importancia de crear una. Sin embargo, de forma constante, entre el público que asiste a los eventos de Dale Carnegie, menos del diez por ciento contesta «sí» cuando se les pregunta si tienen una declaración concreta y por escrito de su visión para el futuro.

¿Por qué? Admitámoslo, ésta es quizá la pregunta más difícil de todas: ¿Qué quiero que signifique mi vida? ¿Cuál es mi propósito? Son preguntas con las que hombres y mujeres han luchado durante siglos. Sin embargo, sigue siendo importante dedicar tiempo, energía y esfuerzo a encontrar y a definir esta visión tan importante.

Entonces, ¿qué ganaremos con este esfuerzo? ¿Por qué nos molestamos? ¿Qué nos ayudará a conseguir esta visión? La respuesta es que los logros duraderos y la verdadera excelencia son aspiraciones elevadas que tienen un gran valor. Como tales, no son fáciles de adquirir. Para alcanzar estos logros raros e inestimables hay que estar dispuesto a invertir tiempo y esfuerzo y persistir frente a los reveses y las decepciones. Para encontrar la energía y la fuerza necesarias para perseguir la felicidad y afrontar y superar las adversidades hay que tener una visión convincente del futuro llena de resultados deseables.

Visión vital, vida vital

Una visión emocionante y bien articulada puede aportar vitalidad y entusiasmo a nuestras actividades diarias. Una visión nos ayuda a dar sentido a nuestras acciones. A menudo tenemos la sensación de que lo que hacemos en un momento dado tiene muy poco que ver con lo que somos y en lo que nos convertimos. Con el tiempo, una visión clara nos ayuda a eliminar todo lo que nos frena.

En última instancia, esa visión capta nuestros puntos fuertes, valores, creencias más profundas y esa cualidad única que nos hace ser quienes somos. Es muy personal. Nos toca en lo más profundo. Es conmovedora. Este proceso convierte nuestros sueños y nuestra misión en realidad.

Hay cuatro pasos principales para ello:

- Definición del propósito/misión/visión.
- Objetivos específicos y medibles en el camino.
- Hábitos que facilitan llevar a cabo nuestros objetivos fijados.
- Actividades que establecen y refuerzan los hábitos.

Con un poco de esfuerzo diario es posible avanzar lentamente pero con seguridad hacia nuestro propósito final y eliminar los obstáculos internos y externos que se interponen en nuestro camino. Esto nos llevará a encontrar más plenitud y satisfacción. Empecemos por el primer paso.

Paso 1: ¿Qué quiero de la vida?

Se han dedicado muchos libros y artículos a establecer distinciones entre un propósito, una misión y una visión. En términos prácticos, los tres se mezclan para formar la fuerza motriz de nuestras vidas. Pueden y deben combinarse en una declaración concreta. Para nuestro propósito nos referiremos a ella como la *declaración de la misión personal*.

¿Qué hace que una declaración de misión personal sea eficaz y por qué molestarse en ponerla por escrito? El proceso de determinar nuestra dirección nos ayudará a desarrollar objetivos eficaces. Los objetivos singulares, claros y específicos nos ayudan a tomar mejores decisiones. En última instancia, nuestras decisiones pavimentan los caminos que recorremos en la vida. A medida que entendemos y nos comprometemos con lo que más queremos se hace más claro qué decisiones nos llevan allí y cuáles no. El proceso de ponerlo por escrito ayuda a clarificarlo y nos obliga a responder de verdad a la importantísima pregunta: ¿Qué quiero de la vida?

Éste es un paso crítico que debemos dar si esforzarnos para alcanzar mayores grados de excelencia en nuestras vidas es importante. Una misión dinámica nos ayuda a llevar a cabo los cambios necesarios para cumplirla. Debe actuar como una fuerza magnética que nos arrastre hacia ella y, en el proceso, nos ayude a eliminar todo lo que nos desvía. La motivación fluye de un propósito emocionante en la vida. Nos da fuerza, fortaleza, paciencia y la voluntad de hacer sacrificios a corto plazo y de sufrir la adversidad en pos de objetivos o logros más grandes y, en última instancia, de la excelencia.

Paso 2: ¿Cómo ponemos en común nuestra visión?

No existe una fórmula absoluta para encontrar el propósito de la vida, pero la investigación y las entrevistas con personas de éxito revelan los siguientes pasos:

1. Elabora una lista de lo que más te gusta hacer.
2. Haz una lista de todos tus logros y éxitos significativos.
3. Imagina un futuro dentro de veinte años. ¿Qué te gustaría hacer? ¿Por qué?
4. ¿Qué haces en este futuro a largo plazo? Pregunta: «¿Cómo sería un día típico en este futuro ideal?». Planifícalo.
5. ¿En qué aspectos serás diferente a como eres ahora?
6. Haz una lista de al menos veinticinco de tus creencias.
7. Escribe una lista de tus valores más importantes.
8. Describe, por escrito, cuáles quieres que sean tus tres principales logros en la vida.
9. Redacta tu epitafio. ¿Cómo quieres que te recuerden?

Pensar y hacer estas listas nos ayudará a ver nuestro futuro deseado con más detalle. Empezarán a surgir patrones que señalan el camino hacia el propósito de nuestra vida.

Cómo redactar tu declaración de misión personal

Una «declaración de misión personal» suele ser sólo eso: personal. Lo que piensen los demás no es tan importante como lo que pensamos nosotros. Debemos entender que la misión de cada uno en la vida es tan única como la nuestra.

Una declaración de misión personal debería:

- Ser magnética y emocionante.
- Apelar al corazón y a la mente.
- Capturar lo que es único en nosotros.
- Crear una visión de futuro mejor que la realidad actual.
- Exponer nuestros valores y creencias más profundas.

Estos son cinco criterios absolutos. Lee atentamente la declaración. ¿Es emocionante? ¿Nos ayuda a ver hacia dónde vamos? ¿Nos ayudará a superar los conflictos, los sacrificios y las decisiones inevitables? No te sorprendas si necesitas tiempo para hacerla bien. Lo sabremos cuando lo consigamos. Te sentirás bien, ya que nuestra mente intuitiva nos revela lo que ya sabemos que es nuestro propósito.

Metas, objetivos y prioridades

Los objetivos surgen de nuestra misión personal como hitos en nuestro camino hacia la excelencia. Son destinos que alcanzamos y superamos a medida que avanzamos hacia nuestra misión. Sirven como la escalera cuyos peldaños debemos subir para llegar a la cima de nuestra vida. Deben ser cuidadosamente pensados. Al aclarar nuestra misión personal es fundamental desglosarla en varias áreas en las que podamos centrarnos. Normalmente, los objetivos se dividen en las siguientes categorías:

- Crecimiento personal.
- Relaciones.
- Profesional (carrera y negocios).
- Finanzas.
- Educación.
- Crecimiento espiritual.

- Salud y bienestar.
- Familia.
- Social/comunitario.

A la hora de establecer objetivos es fundamental establecer primero el tipo de persona en la que debemos convertirnos para recorrer el camino hacia tu misión personal. ¿Qué necesitamos aprender? ¿Qué debe cambiar en nosotros? A menudo, al establecer objetivos, nos concentramos demasiado en lo que queremos y dejamos de lado quiénes somos y la persona en la que debemos convertirnos. Lo que somos y nuestras elecciones determinan lo que conseguimos en la vida. Presta especial atención a establecer objetivos específicos de superación personal que te permitan alcanzar tus metas más rápidamente y sin esfuerzo.

Los objetivos deben ser a largo y a corto plazo. Empieza por los objetivos a largo plazo. Fíjate en la declaración de tu misión personal. Imagínate que ya estás allí. ¿Cuáles son los logros significativos que has conseguido para llegar allí? Considera todas las áreas de objetivos. ¿Qué hay que lograr para llegar a ese emocionante futuro? Responde a estas preguntas con cuidado y tendrás un sólido conjunto de objetivos a largo plazo.

La magia de los hábitos

Las viejas costumbres no pueden arrojarse por la ventana
de arriba, sino que hay que convencerlas de que bajen
las escaleras de una en una.

MARK TWAIN

«Forjamos las cadenas que llevamos en la vida», escribió Charles Dickens. La cuestión es si las cadenas que forjamos nos confinan o tiran de nosotros hacia un futuro dinámico. Aristóteles dijo: «Primero hacemos nuestros hábitos, luego nuestros hábitos nos hacen a nosotros». Es absolutamente crítico para cualquier persona que se tome en serio el logro de la excelencia prestar mucha atención a eliminar los malos hábitos y a construir los positivos.

Los hábitos son a la vez nuestros peores enemigos y nuestros mejores amigos. Son impersonales, requieren disciplina para establecerlos y producen resultados predecibles. Esto es válido tanto si el hábito es deseable como si no lo es. Lo creas o no, los malos hábitos requieren tanto esfuerzo como los buenos. Los malos hábitos tienen un precio, al igual que los buenos. Lo que sugerimos es lo siguiente: hacer que los hábitos que poseemos sean una elección consciente y no una conformidad a la comodidad o al placer a corto plazo.

Los hábitos, ante todo, deben ayudarnos a cumplir nuestros objetivos. Si, por ejemplo, nos fijamos como objetivo principal mejorar nuestra salud y nuestra forma física, tendremos que crear hábitos que refuercen este objetivo. Tal vez sea necesario establecer un hábito alimentario que incluya no menos de dos raciones de fruta fresca al día o un hábito de ejercicio que requiera un paseo de veinte minutos al día. Tal vez sea necesario abandonar el indeseable hábito de comer chocolatinas. Una vez que se han establecido hábitos sólidos y congruentes con nuestros objetivos, hemos asegurado el éxito. De hecho, es preferible llevar a cabo los nuevos hábitos, porque se vuelven cómodos y nos recompensan con la satisfacción de que estamos avanzando hacia nuestro emocionante futuro, en lugar de alejarnos de él. La excelencia se produce cuando empezamos a enorgullecernos de estos hábitos, a aplicarlos con habilidad y a disfrutar del proceso.

Analiza tus objetivos a largo plazo. ¿Qué hábitos posee la persona en la que quieres convertirte? Haz la lista más larga posible. A continuación, haz una lista de todos los malos hábitos que poseas ahora y que tendrás que abandonar a medida que te conviertas en la persona capaz de alcanzar tus objetivos a largo plazo. Asegúrate de que las listas sean exhaustivas.

El siguiente paso es priorizarlos. ¿Qué nuevos hábitos deben establecerse en primer lugar, y cuáles indeseables deben eliminarse? Elige uno o dos hábitos en la parte superior de tu lista. Éste es un paso fundamental. La experiencia demuestra que lo mejor es romper con los viejos hábitos y establecer los nuevos de uno en uno. Intentar abordarlos todos a la vez, de forma desordenada, conduce inevitablemente a un cambio y a un choque tan radical que no somos capaces de mantener el esfuerzo.

Determina una forma de hacer un seguimiento diario de tu progreso para eliminar, sustituir y establecer nuevos hábitos. Tal vez una lista de control en tu diario te ayude, o una entrada a modo de recordatorio en tu agenda te sirva.

Desglosar, hacer realidad

El último paso en este proceso es desglosarlo todo al nivel del día a día. ¿Cuáles son las actividades que debemos llevar a cabo hoy y que nos conducirán a estos hábitos, objetivos y, en última instancia, a nuestro propósito? Estas actividades se incluyen en nuestra lista de tareas diarias.

En primer lugar, mirar nuestros objetivos mensuales. Aunque esto pueda parecer tedioso al principio, es fundamental mirar los objetivos mensuales cada día antes de establecer las actividades diarias que necesitan atención en nuestra lista de tareas. Los seres humanos tienden a hacer lo que es visible, pero desgraciadamente lo que es fácilmente visible no siempre es lo más importante. Lo que la gente tiende a hacer no suele ser lo que le ayudará a conseguir su futuro a largo plazo. Tenemos que hacer visibles los factores importantes de la vida para poder centrarnos en ellos.

Una vez más, hay que evitar la tendencia a crear nuestra lista de tareas diarias a partir de los papeles que tenemos sobre la mesa o de las peticiones que recibimos de los demás. En primer lugar, créala a partir de tus objetivos mensuales. Rellena el resto del tiempo con las demás tareas que son críticas. Establezcamos el hábito de revisar nuestros objetivos mensuales diariamente, y estaremos marchando por el camino de la excelencia.

2

Una gran vida significa estar a la altura de nuestros valores más elevados

Si no estás en el proceso de convertirte en la persona que quieres ser, automáticamente te estás convirtiendo en la persona que no quieres ser.

DALE CARNEGIE

Normalmente, el carácter está determinado por lo que hacemos subconscientemente. Se dice que construir el carácter es siempre añadir cualidades, no restarlas. Añadir buenas cualidades deja menos espacio para las malas cualidades que se desarrollarían debido a la pereza o a la negligencia.

Greg S. Baker, pastor y autor, cuenta la historia de un joven que siempre llegaba tarde a sus clases en la universidad porque no paraba de darle al botón de posponer la alarma de su despertador. Para curarse, antes de echarse una siesta, programaba su alarma para que sonara en cinco minutos y se levantaba en cuanto sonaba. Lo hizo una docena de veces. A la mañana siguiente no pulsó el botón «posponer».

El reverendo Baker cuenta una historia similar sobre sí mismo. Siempre fue solitario e introvertido, lo que no es bueno para un pastor. Así que se entrenó para saludar a todo el mundo antes de que le saludaran a él. Esto no siempre fue fácil (piensa en tener que saludar a los más extrovertidos antes de que ellos te saluden a ti). A veces tenía que gritar por el pasillo para ser el primero en decir «hola», pero al final se encontró con que era más amable y extrovertido con la gente sin tener que volver a pensar en ello.

Un código por el que regirse

Nuestros valores determinan lo que es bueno y lo que es malo. Nuestra ética determina cómo actuamos con respecto a lo que es bueno y lo que es malo. La ética implica un conjunto de normas que nos indican cómo debemos comportarnos. Ninguna persona con un carácter fuerte vive sin un código ético.

La ética es más que hacer lo que tenemos que hacer. Es hacer lo que debemos hacer. Dado que actuar con honor a veces significa no hacer lo que queremos, la ética requiere autocontrol. Es un compromiso para hacer lo que es correcto, bueno y honorable. Debemos preguntarnos si estamos dispuestos a pagar el precio de hacer una elección poco ética. ¿Estamos dispuestos a sacrificar nuestro orgullo, nuestra integridad, nuestra reputación y nuestro honor al hacer esa elección?

Dado que hacer lo correcto puede costarnos más en amistad, dinero, prestigio o placer de lo que querríamos pagar, practicar la ética también requiere valor. Lo correcto no suele ser lo más fácil ni lo más popular, pero aprender a decir «no» cuando nos apetece decir «sí» forja el carácter. Aprendemos lo que es bueno y ético de los modelos de conducta en nuestras vidas. Las relaciones de confianza son la base de todas las decisiones éticas.

La mejor defensa contra las faltas éticas es comprometerse de antemano con un conjunto de principios éticos, nuestro propio código personal que define nuestras normas sobre el bien y el mal.

Nos ayuda a resistir la tentación y se convierte en la base para tomar decisiones éticamente correctas.

No hay límite para un código ético: puede ser tan simple como una frase o contener muchos párrafos de pensamiento e intención personal.

Del recto entendimiento procede el recto pensamiento; del recto pensamiento procede el recto discurso; del recto discurso procede la recta acción; de la recta acción procede el recto sustento; del recto sustento procede el recto esfuerzo; del recto esfuerzo procede la recta conciencia; de la recta conciencia procede la recta concentración; de la recta concentración procede la recta sabiduría; de la recta sabiduría procede la recta liberación.

El camino budista de la liberación

Cuando nos corresponde establecer normas éticas, por ejemplo en una familia, debemos establecer límites, pero razonables. Las palabras claves son *razonable* y *claro*. A nadie le gustan las reglas o directrices vagas. Ten un propósito claro para cada límite. Explica y refuerza el porqué detrás del qué. El «porque lo digo yo» no funcionaba cuando éramos niños, y tampoco funciona ahora. Comunica los límites de forma positiva y concéntrate en lo que hay que hacer, en lugar de lo que no hay que hacer. Por ejemplo, «guarda los secretos» es una sugerencia positiva, mucho mejor que «no cotillees».

Da a los demás la oportunidad de contribuir al proceso de establecer límites adecuados. Los niños son totalmente capaces de establecer límites más estrictos que los padres. Sea cual sea su origen, los límites deben aplicarse de forma coherente y justa. Ten el valor de respaldarlos.

Autoevaluación ética

A todos nos gusta pensar lo mejor de nosotros mismos, pero a veces es necesario analizar con detenimiento cuál es nuestro comportamiento diario. ¿Estamos a la altura de lo que esperamos de nosotros mismos o estamos haciendo concesiones? Comprender nuestro comportamiento y conocer nuestros límites puede ayudarnos a cambiar nuestra forma de actuar.

Responde a las siguientes preguntas de la forma en que probablemente responderías, no de la forma en que crees que deberías responder:

1. Trabajas a tiempo completo y te ofrecen un proyecto paralelo que te proporcionaría ingresos adicionales, pero que supondría un conflicto de intereses con tu trabajo a tiempo completo. Tú:
   a. Aceptas la oferta porque sabes que nadie se va a enterar y que no va a haber ningún problema.
   b. Realmente necesitas el dinero, así que aceptas el trabajo y haces lo posible por mantener los dos trabajos separados.
   c. Analizas la oportunidad con su jefe y determináis mutuamente si está bien hacerlo.

2. Sabes que tus amigos han bebido demasiado y están a punto de irse a casa. Tú:
   a. Dejas que se vayan, ya que sólo viven a unos pocos kilómetros de distancia.
   b. Les preguntas si están bien para conducir y confías en ellos cuando dicen «sí».
   c. Insistes en pedirles un taxi o su equivalente o que un conductor designado les lleve a casa.

3. Acabas de ganar una importante cantidad de dinero en un torneo de golf. Esa noche te enteras de una regla de golf

que te habría costado el torneo. Nadie ha sido testigo del error. Tú:

a. Te lo guardas para ti, ya que ha sido un error honesto.

b. Estás demasiado avergonzado para decir algo y juras no volver a hacerlo.

c. Confiesas y devuelves el dinero.

4. Llevas a tu hija de doce años al cine y te das cuenta de que hay una diferencia de cuatro dólares entre el precio de la entrada de adulto y la de niño. Se consideran niños a los menores de once años. Tú:

a. Pides un billete de adulto y otro de niño.

b. Le preguntas a tu hija lo que cree que debes hacer, y luego haces lo que ella te sugiere.

c. Pides dos billetes de adulto.

5. Tu amigo está haciendo copias de vídeos con derechos de autor para regalárselos a sus amigos. Tú:

a. No dices nada, ya que todo el mundo lo hace y él no gana dinero con ello.

b. Llamas a las autoridades de forma anónima.

c. Le dices que eso está mal y le sugieres que deje de hacerlo.

6. Tienes una cuenta de gastos en el trabajo y has estado registrando gastos personales y cargándolos como de empresa. Acaban de despedir a un compañero tuyo por este motivo. Tú:

a. Prometes dejar de hacerlo.

b. No dices nada, pero averiguas cuánto has cobrado indebidamente y devuelves la deuda antes de volver a cargar cualquier gasto legítimo de la empresa.

c. Le dices a tu supervisor lo que has hecho, juras no volver a hacerlo y lo devuelves.

7. Tú y tu cónyuge estáis cenando en un restaurante de lujo. Cuando llega la cuenta, ves que no te han cobrado la costosa botella de vino que has tomado. Tú:

a. Pagas la cuenta y dejas una propina normal, ya que crees que la comida y el vino eran excesivamente caros en cualquier caso.

b. Pagas la cuenta tal cual, pero dejas una propina mayor que la prevista.

c. Informas al camarero del error.

Dale Carnegie señala:

Si no confío en ti, no te consideraré creíble ni te respetaré.
Si no te respeto, no te veré como alguien creíble o digno de confianza.

Con la vista despejada, no a ciegas

La mayoría de nuestras decisiones cotidianas no implican necesariamente el bien o el mal; más bien tienen que ver con las prioridades, la eficiencia, la planificación y la gestión de los recursos. Otras decisiones implican lo correcto y lo incorrecto dentro de nuestros límites éticos. Estas situaciones suelen estar condicionadas por el tiempo, son emocionales y complicadas. Resulta demasiado fácil dejarse sorprender por la tentación. A menudo nos vemos obligados a tomar decisiones éticas de forma reactiva.

En medio de una situación delicada desde el punto de vista ético es el peor momento para intentar determinar nuestras normas éticas. Tenemos que revisar la información, anticipar las consecuencias, tener en cuenta a los demás, gestionar nuestras emociones y luego actuar. Las decisiones éticas se toman rápidamente, pero las consecuencias pueden durar toda la vida. Por eso es importante una consideración cuidadosa. Un código ético puede ayudar, ya que determina la dirección de nuestras vidas.

Dale Carnegie sugiere que consideremos lo siguiente al formular nuestro código de ética:

1. Piensa en el impacto de la acción en todas las partes interesadas. Las partes interesadas son las personas afectadas por una decisión. Antes de hacer cualquier cosa, hay que determinar a quién se puede ayudar o perjudicar, y luego tomar decisiones con el fin de evitar o reducir el daño. Algunas buenas preguntas que podemos hacernos son: «¿Qué pasaría si se invirtieran los papeles? ¿Cómo me sentiría si estuviera en el lugar de una de las partes interesadas?»

2. Nuestro código ético es nuestra norma de vida. Sopesa las elecciones y las opciones para determinar si cumplen con nuestro código ético.

3. Nuestro código ético (confianza, respeto, responsabilidad, equidad, servicio a la comunidad) prevalece y anula las motivaciones no éticas (dinero, poder, popularidad).

4. El largo plazo prima sobre el corto. Pregúntate: ¿cuáles son las posibles consecuencias a corto y a largo plazo de mis acciones?

5. Elige la opción que produzca el mayor bien. Si todavía no estamos seguros de lo que debemos hacer, optemos por la opción que genere el mayor bien para el mayor número de personas. Para tomar decisiones difíciles, elimina las opciones que no tienen nada que ver con los valores éticos. Luego elige la opción más ética que quede.

Si tienes valores y normas claras, tomar decisiones es fácil.

Roy Disney

Vigilar la «mensajería de texto interna»

Al igual que tenemos mensajes de texto que nos avisan de nuevas informaciones y mensajes importantes e incluso nos advierten de problemas, nuestros instintos también nos envían «mensajes de texto internos». Si les prestamos atención, nos avisarán de posibles problemas o peligros éticos.

Podemos reconocer estos mensajes internos por varios nombres en clave:

- LRO (La Regla de Oro): trata a los demás como quieres que te traten a ti.
- PVE (Pariente Vigilante): ¿te gustaría que tu madre, tu padre, tu abuelo o tu pariente favorito supiera lo que estás diciendo o haciendo?
- HMO (Hijo Mirando): ¿te gustaría que tu hijo supiera lo que estás diciendo o haciendo?
- PPA (Primera Plana): ¿cómo se vería tu elección en la portada del periódico local? ¿Puedes justificar clara y completamente tu pensamiento y tu elección ética?
- FDD (Final del Día): si al final del día una parte importante de la población lo hiciera, ¿sería algo bueno?
- WH5 (*Who* [quién], *What* [qué], *When* [cuándo], *Where* [dónde], *Why* [por qué]): ¿A quién afectará tu decisión o acción? ¿Qué implica la decisión o acción? ¿Cuándo hay que tomar la decisión o actuar? ¿Dónde se va a tomar la decisión o actuar (suponiendo que la ubicación o la jurisdicción sean importantes)? ¿Por qué es correcto o mejor lo que decides hacer?

Los valores más elevados son los que engrandecen el mundo que nos rodea. Dale Carnegie tenía claro el valor de gravitar siempre hacia el camino más amable y gentil.

No me importa lo que los demás piensen de lo que hago,
pero me importa mucho lo que yo pienso de lo que hago.
Eso es carácter.

THEODORE ROOSEVELT

3
El poder personal.
Encuéntralo y mantenlo

Hasta un sapo tiene cuatro onzas de fuerza.

PROVERBIO CHINO

A menudo perdemos la perspectiva porque dejamos de ver los activos que aportamos a una situación estresante. Activos personales como la experiencia, la inteligencia, la diligencia, el sentido común y las habilidades interpersonales son tremendamente importantes para crear resultados positivos en esas situaciones. Si nos concentramos en los aspectos negativos, incluso cuando se trata de nuestros activos, es posible que hayamos caído en el síndrome habitual del «vaso medio lleno o el vaso medio vacío». Si observamos a las personas que conocemos que ven continuamente el vaso medio vacío, veremos que no suelen tener vasos a rebosar, ¿verdad?

Un inventario de activos

El acto de evaluar nuestros activos es también una valiosa ocasión para ir al grano y hacer inventario. La mayoría de nosotros estamos acostumbrados a considerar el concepto de hacer un inventario como algo negativo, un procedimiento que produce ansiedad, pero cuando se utiliza como herramienta en una situación de estrés es útil darle la vuelta, comenzando este inventario con lo que poseemos, lo que aportamos, y que casi siempre incluye cualidades y atributos que pasamos por alto, en nuestro detrimento.

Lo interesante es la información que conocen los demás pero que nosotros desconocemos... Estos momentos inesperados son regalos raros y preciosos. Tal vez duelan (la verdad suele hacerlo), pero también instruyen.

MARSHALL GOLDSMITH

Una idea es pedir a un amigo muy objetivo y desapasionado que nos ayude a hacer una lista de nuestros activos más valiosos. Debe ser una persona totalmente libre de tendencias complacientes con la gente. No debe ser un familiar ni una pareja de ningún tipo, pero obviamente debe ser una persona que nos observe de cerca, alguien a quien dejemos entrar en nuestra vida. Nos asombraremos de los dones que se le ocurran y nos ofrezca. Nuestra próxima tarea será creer y actuar según esta lista.

Primero, creer en nosotros mismos

Un aspecto importante de la perspectiva mental es una creencia sana en nosotros mismos. Una forma de empezar es recordar todos los éxitos de los que hemos disfrutado en nuestra vida y las fortalezas individuales que aportamos en cualquier situación.

Una recompensa secundaria es que si creemos en nosotros mismos, los demás también creerán en nosotros. De este modo, superamos las dudas sobre nosotros mismos y avanzamos con paso firme.

> *Leía y caminaba durante kilómetros por la noche a lo*
> *largo de la playa, escribiendo malos versos en blanco y*
> *buscando sin cesar a alguien maravilloso que saliera de la*
> *oscuridad y cambiara mi vida. Nunca se me pasó por*
> *la cabeza que esa persona pudiera ser yo.*
>
> ANNA QUINDLEN

A nuestro alrededor hay un mundo que hace todo lo posible por cambiarnos. Con demasiada frecuencia cooperamos con él en lugar de honrar nuestra singularidad, nuestra *distinción*. No son sólo nuestras huellas dactilares las que destacan entre los miles de millones de otras. Es nuestra personalidad particular la que es sólo nuestra.

Piensa en quienes han cambiado nuestro panorama cultural, político e incluso culinario en las últimas décadas. La mayoría de ellos destacaron porque tuvieron el valor de creer en su propio estilo de hacer las cosas, a menudo en sus propias excentricidades. No era fácil ser verde, tal vez, pero al menos no eran beige.

Creer en uno mismo, no en la derrota

> *Tus posibilidades de éxito en cualquier empresa siempre*
> *pueden medirse por tu confianza en ti mismo.*
>
> ROBERT COLLIER

Una creencia sana en nosotros mismos es un ingrediente esencial para una gran vida. Parece obvio, pero si la creencia en uno mismo fuera más común, el mundo sería diferente. Habría menos complacencia con la gente, que no es más que otra palabra para referirse a la mentira.

Reconocemos la autoestima cuando la vemos en los demás. De hecho, es la cualidad de las personas que más nos gusta tener a nuestro alrededor, hayamos llegado a ella o no.

Las personas que muestran una falta de confianza en sí mismas no son humildes ni funcionales. Al contrario, son una carga para los demás y tienden a ser ansiosos, quizá dependientes, y a menudo están enfadados. Por otro lado, se puede confiar en las personas verdaderamente autorrealizadas en situaciones sociales, familiares y laborales, y se confía en ellas para que sean ellas mismas. Son lo suficientemente libres de espíritu como para divertirse, incluso cuando están trabajando, y para presentarse ante los demás estando seguros de sí mismos.

Sin máscaras tras las que esconderse

Las personas que creen en sí mismas tampoco se ponen otras máscaras con las que tengamos que lidiar. No juegan al camaleón, dejándonos adivinar si están siendo auténticas o no en un momento dado, o si se puede confiar en lo que dicen y en cómo actúan.

No hay que confundir la autoestima con el autobombo, la arrogancia o la falta de humildad. De hecho, se dice que sólo mostramos un verdadero sentido de la humildad cuando reconocemos nuestra valía en lugar de dar siempre más importancia a los demás. Las personas seguras de sí mismas no están buscando cumplidos constantemente o luchando por ser respetadas, por lo que es más fácil estar con ellas.

Lo que te hace ganar su respeto al final es si eres tú.
Y si lo que eres encarna lo que ellos quieren ser.

JAMES M. KOUZES, investigador en materia de liderazgo

Podemos aprender mucho sobre nosotros mismos si nos proyectamos hacia adelante, hacia nuestra fiesta de jubilación. ¿Qué puede revelar una fantasía sobre un acontecimiento en un futuro lejano acerca de nuestro carisma y poder personal actual? Imagina tu futura fiesta de jubilación y completa estas afirmaciones:

«Me gustaría que los miembros de mi familia dijeran...»

«Me gustaría que los miembros de mi equipo de trabajo o del personal dijeran...»

«Me gustaría que mis superiores dijeran...»

Ahora decidamos qué cualidades personales podemos potenciar durante los próximos seis meses para garantizar que estas personas, que nos han observado de cerca, tengan motivos para decir las cosas más gratificantes sobre nosotros.

Seis maneras de aumentar la confianza en uno mismo y el poder personal

Dale Carnegie sugiere seis formas de aumentar la confianza en uno mismo y el poder personal:

- Acéptate.
- Respétate.
- Participa en conversaciones positivas contigo mismo.
- Asume riesgos.
- Sé tú mismo.
- Crea un sistema de apoyo sólido.

En los siguientes apartados se trata con detalle cada una de estas directrices.

Acéptate

Esto proviene de nuestra capacidad para aceptarnos como seres humanos y centrarnos en nuestras cualidades positivas, nuestros puntos fuertes y los rasgos únicos que nos hacen ser quienes somos. Cuando nos centramos en estas áreas se refuerzan tanto la confianza como la autoestima. Es demasiado habitual que las personas se centren en sus debilidades en lugar de en sus puntos fuertes. Debemos ayudarnos a nosotros mismos, y a los demás, a centrarnos en nuestras cualidades positivas.

Respétate

La clave es centrarse en nuestros éxitos y logros pasados y apreciarnos por todo lo bueno que hemos hecho. Cuando dedicamos tiempo a contemplar nuestros éxitos, nuestra perspectiva cambia y aumenta el respeto y la confianza en nosotros mismos. Un ejercicio valioso es crear un «Inventario de éxitos», una lista de éxitos y logros que hemos obtenido a lo largo de nuestra vida.

Participa en conversaciones positivas contigo mismo

Cuando sumamos las dos categorías anteriores creamos un bucle de autoconversación positiva basado en pruebas. La autoconversación es simplemente una forma de recordarnos los atributos y logros de los que estamos más orgullosos. Es una herramienta para retomar el control de lo único que tenemos en última instancia: nuestro pensamiento.

Asume riesgos

Podemos abordar las nuevas experiencias como oportunidades para aprender y crecer. Al asumir riesgos, ampliamos nuestra zona de confort. Al hacerlo, nos abrimos a nuevas posibilidades y podemos aumentar nuestra sensación de autoaceptación y autoestima.

Sé tú mismo

Cuando sumamos todo lo anterior, la confianza en uno mismo y la autoestima aumentan, y es más probable que seamos nosotros mismos. Nada mina más la confianza en uno mismo que envidiar a los demás e intentar imitar a los que envidiamos. Si aprendemos a aceptarnos y a ser nosotros mismos, la gente se sentirá atraída por nosotros, y nuestro sentimiento de autoestima aumentará aún más.

Crea un sistema de apoyo sólido

Por muy seguros que estemos de nosotros mismos, siempre habrá acontecimientos y personas que puedan erosionar nuestra autoestima. Piensa en las personas de tu vida que te hacen sentir bien contigo mismo y que desprenden energía positiva. Cuando te sientas mal, busca el apoyo de esas personas.

Dale Carnegie sugiere que escribamos un breve discurso motivacional para darnos a nosotros mismos en el que expongamos tres cualidades o logros de los que estemos más orgullosos y describamos un riesgo que vayamos a correr en un futuro próximo.

4

La belleza de una vida equilibrada

La felicidad no es una cuestión de intensidad,
sino de equilibrio, orden, ritmo y armonía.

THOMAS MERTON

La mayoría de nosotros aspiramos a vivir una vida equilibrada. Es decir, preferimos dedicar el tiempo adecuado a cada área de nuestra vida —relaciones/familia, salud, carrera, finanzas, espiritualidad, comunidad, etc.—, porque cuando lo hacemos somos y nos sentimos más plenamente nosotros mismos. Sin embargo, a menudo sentimos que nuestras vidas se han desequilibrado de alguna manera. A veces se debe a una causa relativamente temporal, como un accidente o una lesión, un cambio de trabajo o una mudanza. En otros casos, la sensación de desequilibrio es más crónica. Nos sentimos así día tras día, mes tras mes, incluso año tras año. Deberíamos examinar la importante cuestión del equilibrio y analizar los niveles actuales de energía y tiempo que estamos dedicando a cada área. Esto nos permite encaminarnos hacia una senda que nos llevará a una mayor sensación de equilibrio.

¿Hacia dónde nos inclinamos?

Es aconsejable evaluar periódicamente nuestro nivel de satisfacción con el grado de energía y tiempo que dedicamos a estas diversas áreas, y comprometernos a desarrollar acciones que lleven nuestra vida hacia un mayor equilibrio. A menudo nos inclinamos por dedicar demasiado tiempo y atención a nuestras carreras. Prolongamos la semana de trabajo hasta los fines de semana o no hacemos vacaciones, en un intento de sobresalir en nuestras profesiones. Muchas personas se inclinan tanto en esa dirección que eso afecta negativamente a su salud (mental o física) y a sus relaciones.

Hay que priorizar. Para muchas personas, la espiritualidad es lo más importante, porque proporciona la base que permite la realización en todos los demás aspectos de su vida. Esto puede incluir actividades formales como el culto o el estudio o una amplia gama de otras actividades, como el yoga, la meditación, el taichí o acudir a lugares de retiro de forma habitual. La salud es otra de las prioridades principales, porque sin una buena salud no es posible nada más. Las relaciones, la familia y la comunidad suelen ser importantes para reequilibrar nuestras vidas, ya que nos proporcionan oportunidades para contribuir y formar parte de algo más grande que nosotros mismos.

No dejes de asombrarte. Vive una vida equilibrada:
aprende un poco y piensa un poco y dibuja y pinta y canta
y baila y juega y trabaja cada día un poco.

ROBERT FULGHUM

Nuestras vidas son a menudo como una acera helada. Nos encontramos en un extremo y tenemos que caminar hasta el otro, y podemos resbalar y caer de repente en cualquier momento.

Dependiendo de nuestro grado de urgencia, podemos salir con cautela o salir corriendo, esperando lo mejor. De cualquier manera, moviéndonos rápida o lentamente, existe la posibilidad de resbalar y caer si no mantenemos el equilibrio.

Cuando empezamos a perder el equilibrio nos encontramos con que pasamos mucho más tiempo del que habíamos planeado en un área de nuestra vida, y no el suficiente en otras. Esta situación puede evolucionar con el tiempo o manifestarse de forma repentina, a través de un giro inesperado de los acontecimientos. Éstos son algunos de los acontecimientos más comunes que pueden desequilibrar nuestra vida. Son, por así decirlo, nuestros puntos externos resbaladizos:

- Lesión o enfermedad.
- Pérdida de trabajo o cambio de carrera.
- Un proyecto importante en el trabajo o en casa.
- Un acontecimiento catastrófico, como un incendio, una inundación o la muerte de un ser querido.
- Problemas de pareja.
- Matrimonio o divorcio.
- Tener un hijo.

Los puntos internos resbaladizos pueden no ser tan obvios. Según Dale Carnegie, estos puntos son los siguientes:

- Agotamiento.
- Procrastinación.
- Autocompasión.
- Mala gestión del tiempo.
- Crítica, condena o queja sobre uno mismo, sobre otros o sobre situaciones.
- Falta de entusiasmo.

Una pequeña prueba de equilibrio

Aquí tienes algunas preguntas. Contéstalas con una V de «verdadero» o una F de «falso».

_____ El trabajo me consume más tiempo del que me gustaría.

_____ Ya casi nunca hago algo sólo para mí.

_____ Mis días están totalmente ocupados con actividades.

_____ No utilizo todos mis días de vacaciones y días de asuntos propios en el trabajo.

_____ Cada vez dedico menos tiempo a intereses y aficiones externas.

_____ Rara vez voy al cine, a conciertos, a museos, etc.

_____ Me pierdo eventos familiares importantes a menudo.

_____ Me llevo el trabajo a casa a menudo.

_____ Ya casi nunca paso tiempo con los amigos.

_____ Me siento cansado la mayor parte del tiempo.

_____ Estoy más irritable que de costumbre.

_____ Me quejo más de lo habitual.

_____ Ya no disfruto tanto de mi trabajo como antes.

_____ Hago muchas cosas por los demás por obligación.

_____ En mi día a día tengo poca sensación de éxito.

Si has respondido «verdadero» a más de tres de estas afirmaciones es posible que tu vida se esté desequilibrando.

Los «conceptos básicos del equilibrio» de Dale Carnegie

Es conveniente volver a consultar la clásica lista de Dale Carnegie sobre los principios básicos que promueven el equilibrio en nuestras vidas. La lista se titula «Cultiva una actitud mental que te traiga paz y felicidad», de su gran *bestseller*, *Deja de preocuparte y empieza a vivir*:

1. Llena tu mente con pensamientos de paz, valor, salud y esperanza.
2. Nunca intentes vengarte de tus enemigos.
3. Espera la ingratitud.
4. No cuentes tus problemas, valora lo que tienes.
5. No imites a los demás.
6. Intenta sacar provecho de tus pérdidas.
7. Crea felicidad para los demás.

Lo mejor y más seguro es mantener el equilibrio
en tu vida.

EURÍPIDES (484-406 A. C.)

Herramientas de reequilibrio

Piensa en los diferentes elementos de tu vida. Pueden estar en las categorías de carrera, finanzas, salud, familia, vida social, tú mismo, tu comunidad y tu vida espiritual. Si alguno de estos elementos se está apoderando de tu vida o se está descuidando, considera lo que está bajo tu control para que puedas volver a priorizar y encontrar un equilibrio que funcione para ti:

- **Carrera profesional:** vuelve a casa del trabajo a tiempo, pide colaboración para equilibrar tu vida y negocia un cambio con tu actual empleador.

- **Finanzas (incluyendo ahorros, inversiones, reducción de deudas, compras y pago de facturas):** resiste la tentación de comprar la última innovación, tecnológica o de otro tipo; organiza tus finanzas y reserva más dinero para necesidades futuras.

- **Salud (incluyendo la dieta, el ejercicio, el sueño, el consumo de alcohol y el tabaco):** acuéstate y levántate a la misma hora cada día, haz ejercicio tres o cuatro veces a la semana y aliméntate adecuadamente.

- **La familia:** a menudo, la prioridad principal en nuestras vidas es la familia, aunque otras áreas tienden a desplazarla cuando nos centramos demasiado en otros retos, como el apoyo financiero a nuestras familias. Programa un tiempo de lectura en familia, haz excursiones con ellos y planifica una comida familiar tradicional cada semana a la misma hora.

- **La vida social:** piensa en un grupo de personas a las que te gustaría agasajar o en un viejo amigo al que hace tiempo que no ves. Intenta organizar una reunión para cenar, ver una película, un evento cultural, una comida o un café.

- **A ti:** ¿hay algo que te guste hacer y que hace tiempo que no haces? Puede ser jugar a golf o a tenis, una afición o una manualidad, escuchar jazz o cocinar comida cajún. Hacer algo por ti mismo hará que tu vida se equilibre mucho más. Recompénsate todos los días con al menos treinta minutos de tiempo libre, y simplemente baja el ritmo.

- **Comunidad:** vale la pena repetirlo: colaborar con nuestras comunidades es una forma infalible de aportar equilibrio a nuestras vidas. Nos da un mayor sentido de la donación, la gratitud y el desinterés. ¿Qué regalo podríamos hacer a la comunidad? No tenemos que dedicar una gran cantidad de tiempo al principio. Podemos empezar poco a poco y construir nuestro sentido de propósito comunitario. Nos ayuda a desarrollar la compasión, la paciencia y la tolerancia hacia los demás; le da un sentido a nuestro tiempo libre, si es que lo tenemos, y quizás nos ofrece la oportunidad de devolver algo en un área en la que hemos recibido mucho.

- **Espiritualidad:** a veces nos sentimos muy conectados espiritualmente, y otras veces perdemos esa sensación. ¿Cómo podríamos comprometernos a aportar más equilibrio a nuestra vida espiritual? Piensa en el culto, la meditación, la oración, los encuentros en grupo, los retiros o el estudio. Hay muchas maneras de revitalizar nuestra vida espiritual. Intenta mantener una actitud mental positiva, espera lo inesperado y aprende a reírte de las experiencias de la vida.

Junto al amor, el equilibrio es lo más importante.

JOHN WOODEN

Sé realista

El equilibrio no significa que cada área de nuestra vida reciba la misma parte del pastel, sino que también aparece en nuestras vidas como realismo, sentido común. Por ejemplo, si llevamos una legislatura o más en una junta comunitaria, puede que eso sea suficiente en cuanto al activismo comunitario. Si hemos estado flojeando en lo que respecta al trabajo, puede que tengamos que imitar a un adicto al trabajo hasta que nos pongamos al día. Y nuestro sentido del equilibrio también cambiará con el tiempo. Cualquier número de factores internos y externos puede influir en lo satisfechos que estamos en un momento dado con la energía y el tiempo que dedicamos a los distintos aspectos de nuestra vida.

Es imposible lograr un equilibrio perfecto en cada una de estas áreas todo el tiempo. Intentarlo sería…, bueno, desequilibrado. La clave es centrarse en lograr la plenitud en todas las áreas de nuestra vida.

5

Una gran vida minimiza el estrés y la preocupación

*La preocupación es el interés que se paga por
los problemas antes de su vencimiento.*

WILLIAM INGE

«Estrés» es una palabra demasiado familiar hoy en día. En algunos entornos se usa casi como una insignia de honor. «Tengo tantas cosas en la cabeza que estoy estresado», se oye decir a quienes quizá esperan que los demás se impresionen por la cantidad de responsabilidades que se les confían. A veces pensamos que quejarnos del estrés nos hace parecer importantes, cuando lo más probable es que parezcamos alguien que quiere parecer importante. Al fin y al cabo, el estrés no es muy productivo. De hecho, suele ser contraproducente.

¿Por qué los atletas se dan masajes antes de competir? ¿Para estar tensos y estresados? No. Las investigaciones demuestran que los músculos son más fuertes en el campo de juego cuando están relajados, no tensos.

Una lista de control del estrés

Hay formas de medir el estrés, y ésta es una. Valórate del uno al cinco para cada una de las siguientes afirmaciones:

_____ Suelo estar tranquilo ante situaciones estresantes y preocupantes.

_____ Los demás me consideran capaz de mantener el estrés en perspectiva.

_____ No me entretengo con las situaciones estresantes.

_____ Me tomo descansos cuando estoy estresado.

_____ No exagero con las malas noticias.

_____ Trato a la gente igual tanto si estoy estresado como si no.

_____ Hago actividades físicas para liberar el estrés.

_____ Tengo expectativas realistas de los demás y de mí mismo.

_____ Pido ayuda cuando la necesito.

_____ Duermo ocho horas la mayoría de las noches.

_____ Mantengo el sentido del humor en situaciones de estrés.

_____ Tengo amigos y colegas en los que confío y con los que puedo ser sincero.

_____ Me recuerdo periódicamente que debo bajar el ritmo.

_____ Practico técnicas de relajación, como la respiración profunda, el yoga o la meditación.

_____ Me centro en mis puntos fuertes, no en mis puntos débiles.

Esta lista contiene muchas pistas, no sólo sobre la identificación del estrés y la adopción de comportamientos sin estrés, sino sobre algunas prácticas que nos liberan drásticamente —y a menudo rápidamente— de esta enfermedad destructiva del siglo XXI.

Elige un punto de vista diferente

Una situación es estresante cuando automáticamente empieza a ocupar más y más nuestros pensamientos. Bajo el estrés nos volvemos más irritables, menos cooperativos y más distantes con los demás. La cuestión principal para determinar si podemos desestresarnos fácilmente es responder a la siguiente pregunta: ¿cuánto control tenemos *realmente* en esta situación? Muy a menudo nos daremos cuenta sabiamente de que una situación está fuera de nuestro control y no tenemos ningún poder sobre ella. Sólo entonces podemos dejarla pasar.

Todos hemos tenido la experiencia de sentirnos muy estresados y preocupados por una situación un día y luego sentirnos más tranquilos y positivos uno o dos días después. Suponiendo que la situación en sí siga siendo preocupante, lo único que ha cambiado es nuestra perspectiva. Los factores que determinan nuestra perspectiva del estrés están tanto dentro como fuera de nuestro control.

Lo que hacen los imperturbables

Un estudio de la Clínica Mayo sobre el estrés descubrió que las personas resilientes:

- Hacen uso del humor.
- Utilizan su experiencia para aprender a salir adelante.

- Mantienen una perspectiva optimista/esperanzadora.
- Comprenden y aceptan los cambios.
- Establecen objetivos y trabajan para conseguirlos.
- Se autoexaminan.
- Mantienen su sentido de la autoestima.

Dale Carnegie recomienda mantener la energía y el ánimo bien altos para evitar el cansancio y la preocupación. Sugiere descansar antes de estar cansados; aprender a relajarse, incluso mientras trabajamos; poner entusiasmo en nuestro trabajo y no preocuparse por el insomnio. Los buenos hábitos de trabajo que pueden evitar la preocupación y el estrés son:

- Despejar la mesa de todos los papeles, excepto los relacionados con los problemas inmediatos.
- Completar las tareas en su orden de importancia.
- Resolver cada problema a medida que los vamos encontrando.
- Aprender a organizar, delegar y supervisar.

El cansancio nos convierte a todos en cobardes.

VINCE LOMBARDI

Cuestionar el estrés

Mantengamos el estrés en perspectiva evaluando cuántas de las circunstancias actualmente estresantes de la vida están fuera de nuestro control y, por tanto, no merece la pena preocuparse por ellas. ¿Merece la pena destruir nuestra paz intentando poner fin a una guerra civil en Asia que ni siquiera las Naciones Unidas pueden controlar? ¿O tratando de reducir la deuda nacional sin ayuda? ¿O intentar cambiar a un adolescente empeñado en hacer de las suyas?

Pensar en lo que no podemos controlar nos encierra en una perspectiva de desesperanza. Es mucho más productivo centrarse en las situaciones en las que podemos influir, al menos hasta cierto punto. Si no podemos cambiar la personalidad o el estilo de vida de un miembro de la familia, al menos podemos cambiar lo que sentimos por ellos y cómo respondemos ante ellos.

Fuentes de estrés laboral

Son tantos los tipos de estrés laboral que nos llegan cada día que a la mayoría de nosotros nos resulta difícil seguir el ritmo y afrontarlo adecuadamente. Intentamos estar al día con el trabajo, las responsabilidades y las expectativas que los demás tienen de nosotros. Lo conseguimos gracias a nuestro nivel de organización, disciplina y flexibilidad. Intentamos mantener unos buenos hábitos de trabajo y un rendimiento constante pero, al mismo tiempo, sentimos la presión del estrés laboral, entre otras cosas:

- Proyectos grandes y complejos.
- Plazos.
- Responsabilidades para las que no nos sentimos capacitados.
- Crisis.
- Exigencias de clientes, proveedores, supervisores, accionistas o empleados.
- Reorganización/reubicación.
- Ascensos o reasignaciones.

Reducción del estrés mediante nuevos hábitos de trabajo

Primero hacemos nuestros hábitos, y luego nuestros hábitos nos hacen a nosotros.

JOHN DRYDEN

El «trabajo» no siempre se hace en una oficina. Trabajamos todo el día en casa, en nuestros jardines, nuestros garajes, nuestras guarderías, nuestras cocinas. Y en todos estos ámbitos empleamos a menudo hábitos anticuados.

Podemos cambiarlos, y al hacerlo podemos eliminar una gran cantidad de estrés, aumentando nuestras posibilidades de tener una gran vida.

Cualquiera puede caer en hábitos improductivos con el tiempo. Caemos en rutinas que son ineficaces, nos volvemos cada vez menos organizados o experimentamos un deterioro en nuestras actitudes laborales. A menudo adoptamos hábitos de trabajo improductivos sin darnos cuenta. Con el tiempo, nos sentimos cómodos con estos hábitos, y cuanto más cómodo y arraigado se vuelve el patrón, más difícil resulta liberarse de él.

Al identificar nuestras ineficiencias y comprometernos con nuevos hábitos de trabajo podemos ser más productivos y estar menos estresados en el trabajo. Tenemos una mayor sensación de logro a medida que ganamos más control sobre nuestra gestión del tiempo, nuestra capacidad de organización y nuestra actitud hacia nuestras responsabilidades.

Autoevaluación de los hábitos de trabajo

Puntúate en una escala del uno al cinco, donde uno indica que la afirmación no te define mucho y cinco indica que te define mucho:

____ Gestiono bien mi tiempo.

____ Tengo un enfoque sistemático y organizado para llevar a cabo el trabajo.

____ Me anticipo a los plazos de entrega, no me retraso.

____ Adopto un enfoque orientado al equipo para gestionar mi trabajo.

____ Tengo un área de trabajo limpia y organizada.

____ Trabajo a partir de un plan diario, semanal y/o mensual.

____ Involucro a otros para que me ayuden a gestionar mi carga de trabajo.

____ Mantengo registros precisos y accesibles de mi trabajo.

____ Puedo localizar fácilmente los archivos y materiales de trabajo necesarios.

____ Organizo mi área de trabajo y mis materiales antes de salir del trabajo.

____ Mantengo la concentración en el trabajo, incluso en situaciones de distracción.

____ Abordo la resolución de problemas de forma sistemática.

____ Me recuerdo periódicamente que debo bajar el ritmo.

____ Me centro en el presente y no me preocupo por el pasado o el futuro.

____ No dejo que las críticas me molesten.

Si has sacado 75 es perfecto. Si es menos, tienes margen de mejora. Si has obtenido una puntuación entre 15 y 50, tienes un gran margen de mejora. Las siguientes secciones ofrecen algunas directrices para mejorar tu puntuación.

Hábitos laborales ineficaces que agravan nuestro estrés y cómo superarlos

A pesar de lo difícil que es manejar situaciones de estrés continuas, a menudo aumentamos la tensión en el lugar de trabajo a través de nuestros propios malos hábitos. A veces los desarrollamos con el tiempo, sin querer. Puede que ni siquiera seamos conscientes de cómo nuestros hábitos de trabajo han afectado a nuestro rendimiento y a nuestra actitud. Algunos de los malos hábitos que aumentan la tensión en el lugar de trabajo son:

- Desorganización.
- Retrasos crónicos.
- Procrastinación.
- Falta de seguimiento.
- Guardar rencor.
- Resistencia al cambio.

Tenemos tres áreas de oportunidad cuando se trata de cambiar los hábitos de trabajo y reducir el estrés. La primera es nuestro uso del tiempo, la segunda es nuestra capacidad para organizar el trabajo y la tercera está en el control de nuestra actitud. Examinar nuestros hábitos de trabajo actuales en cada área nos da una base para mejorar nuestra habilidad en cada categoría y sustituir los viejos hábitos por otros nuevos y más productivos.

La segunda mitad de la vida de un hombre no se compone más que de los hábitos que ha adquirido durante la primera mitad.

FIÓDOR DOSTOYEVSKI

Gestión del tiempo para reducir el estrés

Un hábito fundamental para reducir el estrés en el lugar de trabajo es el uso productivo o no productivo del tiempo. ¿Cómo se comparan estos hábitos de trabajo positivos con los nuestros?

Llegar temprano

Llegar temprano no tiene ningún inconveniente. Nos da un tiempo extra para ordenar nuestros pensamientos y prepararnos, y en consecuencia estar seguros de causar una mejor impresión en cada situación. En general, este hábito de trabajo reduce el estrés.

Mantener una agenda diaria

Tanto si se trata de un programa informático como de un simple papel, necesitamos una agenda diaria para estar al tanto de todos los detalles de nuestros días. El tiempo dedicado a la planificación reduce el tiempo dedicado a la ejecución, y la planificación diaria, semanal, mensual y anual es una herramienta clave para reducir el estrés.

Estar presente

¿Cuántas veces nos reunimos o conversamos con personas y nuestra mente está realmente en algo completamente separado del tema que se está discutiendo? Estamos físicamente presentes, pero mentalmente en un lugar totalmente diferente. Lo creas o no, esta falta de atención o de presencia puede aumentar nuestro estrés.

Evitar la procrastinación

La procrastinación erosiona el progreso y la productividad de dos maneras. En primer lugar, posponer las tareas nos hace menos eficientes en general. En segundo lugar, crea preocupación y distracción al seguir pensando en todo lo que tenemos que hacer (y que ya debería estar hecho).

Debemos buscar lo que nos inspira y nos da energía para abordar los asuntos laborales, en lugar de posponerlos. Comprométete con un calendario regular de producción de trabajo y finalización de proyectos. Lleva una lista de tareas pendientes y ve tachándolas a medida que las vayas completando.

Establecer prioridades

Una enorme carga de trabajo puede hacernos sentir abrumados hasta el punto de la parálisis. Tenemos tanto que hacer que no sabemos por dónde empezar. Divide tu carga de trabajo en tareas y prioriza las tareas de tu lista. Con el tiempo empezarás a desgranar esa carga de trabajo, transformando una montaña en un montículo más manejable y dejándote una sensación de logro.

Proteger nuestro tiempo privado

Algunos hábitos laborales que provocan ansiedad, como quedarse hasta tarde en el trabajo o llevárselo a casa, son más agotadores de lo que podemos imaginar. A veces no se puede evitar violar nuestro tiempo privado con el trabajo, pero si se convierte en un hábito podemos empezar a sentir que no tenemos una vida fuera de nuestra profesión.

Reducir el estrés con organización

Una segunda área crítica para reducir el estrés laboral es nuestra capacidad para mantenernos organizados. ¿Cuáles de estos hábitos de trabajo productivos utilizamos para organizar nuestro trabajo?

Simplificar nuestro enfoque

¿Qué podríamos empezar a hacer, dejar de hacer o hacer de forma diferente para simplificar nuestro enfoque sobre lo que hay que hacer? Muchos de nosotros complicamos nuestros compromisos más de lo necesario y nos beneficiaríamos de un enfoque más sencillo.

Abandono de actividades innecesarias

Hacer una lista de cada una de las actividades de nuestro día y de nuestra semana, desde conducir el coche hasta sentarse en las reuniones. ¿Qué actividades son innecesarias y podrían dejarse de lado? Intenta dejar de llevar a cabo esas actividades durante una semana o un mes y haz un seguimiento de los cambios en la productividad.

Anotar las cosas

¿Tenemos un cuaderno o una agenda donde anotamos las ideas que se nos ocurren, los compromisos que asumimos o cualquier otra nota importante? Nos sentimos menos estresados cuando sabemos que hemos capturado información importante y podemos consultarla cuando la necesitemos más tarde.

Creación y seguimiento de agendas

Un área común de desorganización en el lugar de trabajo es la celebración de reuniones, ya sean individuales o en un grupo más grande. Los órdenes del día, especialmente cuando se establecen y se acuerdan con antelación, hacen que las reuniones sean más organizadas y productivas, y ayudan a que los participantes se sientan más cómodos y confiados.

Terminar una tarea antes de empezar otra

Una de las principales fuentes de desorganización es la multitarea excesiva. Si nos centramos en una tarea concreta hasta completarla, la haremos en mucho menos tiempo y estaremos mucho más organizados. Más adelante hablaremos de la multitarea.

Control de la actitud para reducir el estrés

Nuestra tercera oportunidad para crear nuevos hábitos sin estrés tiene que ver con el control de la actitud. Cuando conseguimos controlar nuestras actitudes hacia las tareas que tenemos entre manos, todos los demás aspectos de nuestra productividad mejoran. ¿Cuántos de estos están entre nuestros hábitos de trabajo?

Conectar con los demás y utilizar sus nombres

Es fácil centrarse tanto en uno mismo que empezamos a ignorar a los demás. Esto puede aumentar la sensación de aislamiento y estrés. Desde el punto de vista del estrés, es mejor acercarse y saludar a los demás, aprender sus nombres y, tal vez, ganar amigos en el proceso.

Dejar pasar las cosas

Llega un momento en el transcurso de nuestro día en el que reconocemos que sería mejor relajarnos y aceptar la idea de que puede que no todo salga perfecto siempre. Cuando experimentamos demasiado estrés en una situación podemos preguntarnos: «¿Es este un momento en el que debería dejarlo pasar?».

Tomar las riendas

Nuestras actitudes mejoran cuando nos hacemos cargo de las situaciones para garantizar que se haga algo. Podemos, como mínimo, hacernos cargo de nuestra propia carga de trabajo, relaciones y actitud. Cuando dudamos o posponemos el hecho de tomar las riendas agotamos nuestra energía y hacemos que nuestro trabajo sea más estresante de lo que tiene que ser.

Mantener la calma

Sea como sea (contar hasta diez, respirar profundamente, dar un paseo o hacer una breve meditación), se nos aconseja concentrarnos en mantener la calma para evitar reaccionar de forma exagerada, agredir verbalmente o actuar de forma impulsiva, lo que sólo aumenta nuestro nivel de estrés.

Apreciar la singularidad de los demás

Por mucho que a veces sintamos que sí, no es cierto que prefiramos que todo el mundo sea como nosotros. Sería aburrido. Las diferencias de orígenes, perspectivas y estilos de trabajo hacen que la vida sea más interesante y vibrante, no menos. Trabaja para apreciar las fortalezas únicas de los demás.

6

El agotamiento no tiene cabida en una gran vida

Mi vela arde por los dos extremos.
No durará toda la noche.

EDNA ST. VINCENT MILLAY

El agotamiento ocurre en todas partes, no se limita al lugar de trabajo, y hay una diferencia entre un día malo o dos y el agotamiento real.

La mayoría de nosotros tenemos días en los que nos sentimos sobrecargados, aburridos o poco apreciados; en los que hacer malabarismos con todas nuestras responsabilidades no se aprecia, y mucho menos se recompensa, y en los que hace falta una determinación sobrehumana para arrastrarnos al trabajo.

Pero el agotamiento laboral no es lo mismo que simplemente estar extremadamente estresado en el trabajo.

El agotamiento puede ser el resultado de un estrés incesante, pero no es lo mismo que tener demasiado estrés. Cuando estamos estresados nos preocupamos demasiado, pero cuando estamos quemados no vemos ninguna esperanza de mejora. No queremos llegar a ese punto.

El estrés frente al agotamiento

El estrés, en general, implica demasiadas cosas, demasiadas presiones que nos exigen demasiado física y psicológicamente. Mientras que el estrés excesivo es como ahogarse en responsabilidades, el agotamiento es como estar seco y frito.

Cuando estamos estresados aún podemos imaginar que si logramos tener todo bajo control nos sentiremos mejor. El agotamiento, por el contrario, tiene que ver con la falta de motivación. Estar quemado significa sentirse vacío, desprovisto de motivación y sin que nada nos importe. Las personas que experimentan el agotamiento a menudo no ven ninguna esperanza de cambio positivo en sus situaciones.

Estrés	Agotamiento
Se caracteriza por el exceso de compromiso.	Se caracteriza por la desvinculación.
Las emociones son excesivamente reactivas.	Las emociones están entumecidas.
Produce urgencia e hiperactividad.	Produce impotencia y desesperanza.
Pérdida de energía.	Pérdida de motivación, ideales y esperanza.
Puede provocar trastornos de ansiedad.	Puede llevar a la indiferencia y a la depresión.
El daño principal es físico.	El daño principal es emocional.
Puede matarnos prematuramente.	Puede hacer que parezca que la vida no merece la pena ser vivida.

Medidas de prevención del agotamiento

La forma más eficaz de evitar el agotamiento laboral es dejar de hacer lo que estamos haciendo y dedicarnos a otra cosa, ya sea cambiar de funciones en el trabajo o incluso cambiar de empleo. Para la mayoría de nosotros, un cambio de empleo es una medida extrema y no es una opción que podamos tomar o incluso considerar. Tiene más sentido tomar conciencia de nuestro nivel de estrés y de la sobrecarga que nos lleva al agotamiento para poder tomar algunas medidas preventivas. Algunas de estas medidas de prevención del agotamiento se describen en las siguientes secciones.

Recuerda que la prevención del agotamiento puede ser aún más relevante para aquellos que trabajan para sí mismos y sienten que esforzarse es lo mejor para todos.

Aclarar las expectativas del trabajo

Actualiza la descripción de tus funciones y responsabilidades laborales. Durante la discusión que precede a esto puedes señalar que algunas de las cosas que se espera que hagas no forman parte de la descripción de tu trabajo, ganando un poco de ventaja al mostrar que has estado trabajando por encima de los parámetros de tus tareas.

Solicitar un cambio

Si lo que estás experimentando es agotamiento laboral, y tu lugar de trabajo es lo suficientemente grande, podrías cambiar de ubicación, oficina o departamento. Incluso un cambio de escenario puede refrescar la perspectiva.

Solicitar responsabilidades distintas

Si llevas mucho tiempo desempeñando el mismo rol puedes asumirlo por ti mismo, en el caso de que no esté relacionado con el trabajo, o pedir a los que tienen el poder si puedes probar algo nuevo: un territorio de ventas diferente, un proyecto diferente, un papel diferente.

Tómate unos días libres

Vete de vacaciones, apura tus días de baja por enfermedad o pide una baja temporal. Haz algo para alejarte de la situación. Reserva un «tiempo para ti» fuera del trabajo. Aunque ser un empleado dedicado es admirable, ser un sirviente de tu negocio te desgastará con el tiempo. Cuando el trabajo es tu vida, tu vida es el trabajo, y el agotamiento es inevitable. Debes saber cuándo alejarte. Organiza de forma periódica tu tiempo fuera del trabajo, y dedícalo preferiblemente a una pasión o afición personal que despeje tu mente de cualquier nubarrón. Pescar, hacer punto, hacer ejercicio en el gimnasio, leer, pintar y trabajar en el jardín son sólo algunas de las actividades en que las personas se centran fuera del trabajo. Podemos aprovechar el tiempo para recargar las pilas y ganar perspectiva.

Tómate un descanso con regularidad

La salud mental es cada vez más importante en el lugar de trabajo, y cada vez más empresarios reconocen la necesidad de que sus empleados se tomen descansos frecuentes para mantener la mente despierta. Si eres empresario, si permites a tus empleados una pausa de 15 minutos por la mañana, una pausa de 30 a 60 minutos para comer (se recomienda que la pausa se haga fuera de la oficina) y una pausa adicional de 15 minutos antes de terminar la jornada, comprobarás que tus pilas o las de tus empleados están constantemente a tope.

Crea (o propón) una sala de descanso única

Las salas de descanso convencionales tienden a ser sencillas: máquina de café, dispensador de agua fría y las típicas cosas sin adornos y deprimentes. Sin embargo, algunas empresas han empezado a desviarse de esto, transformando las salas de descanso en breves escapadas del trabajo, llegando incluso a instalar televisores, mesas de juego y consolas. Un hospital de Rochester (Nueva York) tiene una Nintendo Wii en su sala de descanso. Crear un entorno en el que los empleados puedan evadirse brevemente durante un tiempo razonable contribuirá en gran medida a evitar el agotamiento laboral. Si eres un empleado, considera la posibilidad de sugerir la idea de una sala de descanso estimulante a tu supervisor o a alguien de recursos humanos.

Equilibrar la vida y el trabajo

El trabajo no puede ser el centro de nuestra vida, sobre todo si queremos mantener una vida familiar feliz. Tanto si vives de forma independiente como si lo haces con tu pareja o con toda tu familia —con niños y todo— tienes que gestionar tu tiempo entre el trabajo y el hogar de forma eficaz. Cuando llegue el momento de fichar, hazlo. Vuelve a casa con tu familia. Ve al cine con tu pareja o tus amigos. Dedica a tu vida personal el mismo tiempo y atención que a tu vida laboral. De lo contrario, empezarás a ver cómo surgen problemas y frustraciones en casa que afectarán a tu vida laboral y que harán que te sientas quemado.

Mantener un estilo de vida saludable

Una dieta adecuada, el ejercicio, dormir lo suficiente y elegir agua en lugar de bebidas gaseosas llenas de sustancias químicas pueden afectar drásticamente a tu pensamiento y tu comportamiento, incluso en el trabajo. Todo lo que se necesita es reservar entre 30 y 40 minutos tres días a la semana para practicar ejercicio y hacer un mayor esfuerzo para controlar tu dieta. Hacerlo te beneficiará directamente de innumerables maneras, y un estilo de vida positivo te llevará a una experiencia laboral más positiva.

Encontrar nuestros «márgenes»

En su libro de referencia sobre el estrés, *Margen: Restauración de las reservas emocionales, físicas, financieras, y de tiempo en vidas sobrecargadas*, el Dr. Richard Swenson escribe: «El margen es el espacio entre nuestra carga y nuestros límites». Sugiere que busquemos la manera de añadir márgenes a nuestras vidas para añadir reservas. Su teoría es que no podemos seguir añadiendo estrés a nuestras vidas sin hacer espacio para ello quitando algo.

Al igual que el espacio en blanco y los márgenes en un libro facilitan su lectura, el espacio en blanco y los márgenes en nuestras vidas nos hacen más flexibles y abiertos durante el cambio y el estrés. En las siguientes secciones se presentan otras sugerencias de Dale Carnegie.

Aprovecha el poder de los «días de permiso»

Programar «días de permiso» es una forma eficaz de crear un espacio para pensar y renovarse, y estos días pueden utilizarse para concentrarse en los días de trabajo o para tomarse un tiempo libre. Las personas que se acercan a la sobrecarga de trabajo suelen sentir que no pueden tomarse días de permiso por diversas razones.

Crear espacio de forma intencional

Cuando nos encontramos subiendo la curva hacia la sobrecarga es el momento de ser agresivos con nuestra estrategia para evitarla. Las siguientes ideas son algunas de las muchas que han funcionado a profesionales para ayudar a evitar la sobrecarga y el agotamiento:

- **Aprende a decir «no».** Con la multitud de elecciones que hacemos en cualquier momento podemos asumir demasiadas cosas que no tienen sentido para nosotros. Es importante establecer un perímetro alrededor de los espacios personales de nuestra vida y tener cuidado con el exceso de trabajo. A muchas personas les resulta difícil decir «no» en este ámbito. Esto suele conducir a la acumulación de más y más carga de trabajo cada vez que aceptan echar una mano aquí o allá o asumir un proyecto paralelo o algo similar. Ser un jugador de equipo es importante en el mundo de la empresa, y ayudar a tus colegas de vez en cuando es una forma segura de avanzar en tu carrera, pero si no tienes cuidado otros empleados se aprovecharán de tu naturaleza generosa y servicial, y todo lo que obtendrás a cambio es estrés por exceso de trabajo.

- **Simplificar nuestra vida en general.** Se dice que sólo utilizamos el 20 por ciento de lo que poseemos, pero debemos mantener el cien por cien.
- **Cultivar la satisfacción.** Dale Carnegie dijo: «Llenemos nuestras mentes con pensamientos de paz, valor, salud y esperanza, porque nuestra vida es lo que nuestros pensamientos hacen de ella».
- **Reduce el ritmo, elimina las prisas.** Lo rápido está bien; lo más rápido está bien; lo demasiado rápido no está bien. Cuando estiramos nuestro tiempo hasta el límite nos aceleramos, sacrificamos la calidad de nuestro trabajo, nos estresamos a nosotros mismos y a los que nos rodean.
- **Interésate por la gente.** Alimenta las relaciones y cultiva una red de amigos cariñosos. Hay estudios que han demostrado que tener buenos amigos es un factor importante para vivir una vida larga y saludable.

7

Una gran vida comienza con un cuerpo sano

No hay suficiente tiempo. Así que debemos ir despacio.

<small>ANTIGUO REFRÁN CHINO</small>

Comprobemos el límite de velocidad y... desaceleremos.

Puede que éste sea el elemento más difícil de todos en nuestras agitadas y aceleradas vidas. Reducir la velocidad nos proporciona una vida más segura y —a pesar de lo que nos dice la sociedad— más productiva. Al reducir la velocidad es menos probable que cometamos errores y, por lo general, obtenemos resultados más completos y satisfactorios. Y lo que es más importante: bajar el ritmo restablece esa perspectiva saludable que mencionábamos antes, la clave para prevenir el estrés en primer lugar.

Los expertos en gestión del estrés consideran que bajar el ritmo es un factor crucial para aliviarlo, y ofrecen algunos consejos. Hoy en día, bajar el ritmo no es algo natural, es una habilidad que se aprende. Pero cuanto más estrés nos llega, más debemos aprender a bajar el ritmo.

Muchos de nosotros pensamos que no está bien bajar el ritmo. En el fondo creemos que al hacerlo estamos siendo improductivos de alguna manera. Esta creencia por sí sola genera estrés. Seguimos esforzándonos más y más, pensando que si seguimos moviéndonos y sacrificamos todo lo demás de alguna manera estamos haciendo lo correcto. Sin embargo, muchos acaban sacrificando su salud física e incluso su salud mental al trabajar de esta manera en lugar de funcionar a un ritmo más saludable.

Aprender a bajar el ritmo en medio del estrés requiere tomarse un tiempo para hacer algunos cambios en nuestra vida. En primer lugar, debemos darnos permiso para bajar el ritmo. Lo que nos decimos a nosotros mismos es muy importante. Una actitud interna apresurada puede crear más estrés y ansiedad de lo que vale la pena. Deja que tu actitud refleje aceptación y date permiso para ir más despacio siempre que sea posible.

Debemos decir «no» a las exigencias o peticiones que no están en nuestra lista de prioridades. Decir «no» a la gente es perfectamente aceptable, y no es necesario dar explicaciones. El no es una frase completa. Explicar sólo conduce a la necesidad y a la expectativa de una explicación adicional. No hace falta una excusa. No se trata de si puedes o no puedes hacer lo que te piden; se trata de si lo harás o no. Es tu elección.

Al reducir la velocidad nos tomamos tiempo para oler las rosas. Pero para ello, ¡debemos acordarnos de respirar! Tómate tiempo para agradecer las rosas y todas las cosas y personas que esperan ser percibidas cada día.

En lugar de escalar una montaña a toda velocidad sin parar y llevando equipaje extra, ahora subimos la montaña con la intención de parar, descansar y disfrutar de lo que vemos, quizás incluso echando una pequeña siesta. Llegamos a la cima porque hemos aprendido a equilibrar el estrés en nuestras vidas. Haz de ti mismo la prioridad.

Una de las mejores maneras de tomar perspectiva sobre el estrés y las preocupaciones es estar sano y moverse. Sin embargo, cuanto más estresados estamos, más probable es que ignoremos las necesidades básicas de nuestro cuerpo.

Descansar es lo más productivo

Muchos de nosotros nos ponemos a trabajar o a llevar a cabo proyectos y continuamos hasta que el trabajo está terminado, sin tomarnos un descanso. Pero descansar es lo que permite que la mente se enfríe, se relaje y se vaya a otro sitio durante un rato. Levántate, camina y deja que el cuerpo también se relaje. Muchos de nosotros pasamos más tiempo sentados que durmiendo. El cuerpo humano no está hecho para estar sentado todo el día en un escritorio o durante horas en el sofá. Para evitar los riesgos para la salud no basta con hacer treinta minutos de ejercicio diario, sino que hay que aprovechar cualquier oportunidad para levantarse durante el día. Algunas personas colocan los objetos importantes —teléfonos, fotocopiadoras, impresoras y cafeteras— a cierta distancia de sus escritorios. Una recomendación es utilizar un vaso pequeño para el agua, haciendo necesario ese largo paseo para llenarlo.

Levantarse, estirarse y mirar por una ventana para que nuestros ojos tengan una visión amplia y saludable.

Respirar profundamente, respirar más despacio

¿Recuerdas que de niños nos decían que respiráramos profundamente y contáramos hasta diez si estábamos enfadados? Nuestras abuelas sabían de lo que hablaban. Es muy importante controlar la forma en que respiramos. En situaciones de estrés, la gente suele retener la respiración o jadear con respiraciones cortas y superficiales. La respiración superficial es el signo de un cuerpo estresado.

La respiración profunda es una técnica de biorretroalimenta-ción que comunica a nuestro yo físico que vamos a estar bien. Empieza por inspirar y espirar contando lentamente hasta tres, luego hasta cuatro y después hasta cinco. Sentirás que el estrés desaparece y la calma se instaura.

Dy'Ann Suares, que guía a sus clientes hacia niveles superiores de conciencia, sugiere lo siguiente:

> *Nuestros cuerpos entran y salen de estados contraídos, mo-mento a momento. Cualquiera que desee reducir el estrés, mejorar la claridad mental, disminuir el dolor de cualquier tipo, incluido el emocional y el psicológico, puede empezar una práctica sencilla de hacer tres respiraciones profundas antes de irse a dormir y de despertarse por la mañana. Esta práctica de atención consciente a la respiración crea un nuevo impulso y puede ser muy eficaz con el tiempo. La oxigenación del cuerpo también es esencial. Exhalar las to-xinas ayuda al cuerpo a renovarse de forma natural.*

Suares también recomienda respirar profundamente cada vez que queramos integrar nuevos niveles de comprensión. Si no tene-mos el hábito de practicarlo nos asombrará ver cómo la respira-ción regular, lenta, profunda y uniforme nos ayuda a centrarnos, a enraizarnos y a sostenernos.

Al respirar profundamente llenando nuestros pulmones esta-mos introduciendo el valioso oxígeno en nuestro sistema agotado. La sensación instantánea de alivio puede ser muy notable.

Si estamos de pie e inspiramos profundamente, aportamos fuerza a nuestra postura, lo que da una sensación añadida de po-sitividad al abrir nuestro pecho y, por tanto, nuestro corazón a los que nos rodean.

Ejercicio de respiración para cinco minutos de relajación

Una forma de hacer una pausa reparadora es dedicarse a la respiración controlada durante cinco minutos. A lo largo de cinco minutos, repite los tres pasos siguientes:

1. **Inhala.** Inhala lenta y profundamente, llenando el pecho de aire, contando cuatro segundos para ti mismo: «Uno y dos y tres y cuatro». La cuenta es para que lleves un ritmo fácil y uniforme. Intenta respirar lo más profundamente que puedas sin sentirte incómodo. Imagina que tu pecho se llena lentamente de aire, desde el diafragma hasta el cuello.
2. **Aguanta la respiración.** Cuando hayas inhalado completamente, mantén la respiración durante otros cuatro segundos, contando de nuevo para ti mismo: «Uno y dos y tres y cuatro». Debe ser una pausa cómoda. No lo hagas hasta que se te ponga la cara azul.
3. **Exhala.** Exhala, pero no soples. Deja salir el aire por la boca lentamente, diciéndote a ti mismo: «Tranquilo… tranquilo… tranquilo… tranquilo». Suelta todo el aire que puedas, hasta la parte inferior de los pulmones. Siente que te relajas al hacerlo. Siente cómo los hombros, el pecho y el diafragma se sueltan. Al exhalar, piensa en la tensión que sale de ti.

Los privados de sueño no están realmente sobrios

Nuestro tiempo medio de sueño es de 6,9 horas entre semana, lo que significa que, nos guste o no, no pensamos con la claridad que podríamos. Un estudio elaborado por David Dinges, director del Laboratorio de Sueño y Cronobiología del Hospital de la Universidad de Pensilvania, afirma que el número mágico es ocho horas de sueño por noche. Los sujetos de prueba que dormían ocho horas seguidas por la noche tenían muy pocos fallos de atención, si es que los tenían, y no sufrían ningún deterioro cognitivo en el transcurso del estudio de dos semanas de Dinges, pero los sujetos que sólo dormían seis horas «estaban tan deteriorados como los que, en otro estudio, habían estado privados de sueño durante veinticuatro horas seguidas, el equivalente cognitivo de estar legalmente borracho», informó *The New York Times*.

Hay una pequeña parte de la población (Dinges la estima en torno a sólo un 5 por ciento o incluso menos) que, por lo que los investigadores piensan que pueden ser razones genéticas, puede mantener su rendimiento con cinco o menos horas de sueño, al igual que también hay un pequeño porcentaje que requiere nueve o diez horas.

Comer sano

La comida es el combustible que impulsa nuestra salud, equilibrio, energía y resistencia. Está demostrado que el exceso de presión no sólo afecta al ánimo. Las personas sometidas a un estrés constante son más vulnerables a todo tipo de enfermedades, desde resfriados hasta hipertensión y enfermedades cardíacas. Aunque hay muchas formas de afrontarlo, una estrategia es comer alimentos que combatan el estrés. «Todo el mundo sabe que la comida es el combustible del cuerpo, y cuando estamos estresados», dice la doctora Victoria Maizes, directora ejecutiva del Programa de Medicina Integral de la Universidad de Arizona, «tenemos que centrarnos en disponer de un mejor combustible».

Para estar en nuestro mejor momento físico y mental en situaciones de estrés necesitamos tomar comidas saludables y revitalizantes. En cada comida pregúntate: «¿Qué podría hacer para que ésta fuera una comida más saludable?»

«Una dieta a largo plazo baja en nutrientes puede agotar tus reservas de minerales y vitaminas», dice Narmin Virani, dietista clínica del Instituto Benson-Henry para la Medicina de la Mente y el Cuerpo del Hospital General de Massachusetts, en Boston. «Estos nutrientes contribuyen en gran medida a superar las situaciones de estrés. Y, sin ellos, el camino se hace más difícil.» La comida no puede solucionar el problema del estrés por sí sola, pero los expertos coinciden en que una buena nutrición es la clave del problema. Los alimentos combaten el estrés de diferentes maneras. Los alimentos reconfortantes, como los copos de avena, aumentan nuestros niveles de serotonina, la sustancia química del cerebro con efecto calmante, mientras que otros reducen el cortisol y la adrenalina, las hormonas del estrés que a la larga resultan perjudiciales.

Empieza por reducir los alimentos más perjudiciales de nuestra dieta para romper el ciclo. Entre los alimentos que pueden hacernos sentir agotados se encuentran los alimentos azucarados o con almidón, como los dulces, las bebidas azucaradas (incluidos los zumos de frutas), la bollería, las galletas, las patatas fritas y cualquier alimento ultraprocesado. Pueden estar bien como golosinas o postres o para proporcionar un estímulo energético, pero abusar de estos alimentos puede minar nuestra energía y concentración.

Sustituye los alimentos que te quitan energía por «alimentos energéticos». Estos no son nada exóticos, difíciles de encontrar o desagradables. Algunos pueden resultar sorprendentes, ya que podemos comerlos por puro placer. He aquí algunos «desestresantes»:

Carbohidratos complejos

Los carbohidratos complejos son los que nos hacen sentir bien y se digieren más lentamente que los simples (azúcar y almidón). Están presentes en las frutas, las verduras, los frutos secos y las semillas, los cereales integrales para el desayuno, algunos panes y pastas, y ese tazón de avena caliente de toda la vida. Estabilizan los niveles de azúcar en sangre, proporcionando una fuente constante de energía.

Té negro y otras sorpresas

Las investigaciones sugieren que beber una taza de té negro puede ayudarnos a recuperarnos más rápidamente de los acontecimientos estresantes. Un estudio comparó a personas que bebieron cuatro tazas de té al día durante seis semanas con personas que bebieron un placebo similar al té. Los verdaderos bebedores de té dijeron sentirse más tranquilos y tener niveles más bajos de cortisol después de situaciones estresantes. El café, en cambio, puede aumentar los niveles de cortisol.

Otras sustancias antiestrés

Los pistachos pueden suavizar el impacto que las hormonas del estrés tienen en el cuerpo. La adrenalina eleva la presión arterial y hace que el corazón se acelere cuando se está estresado. Comer un puñado de pistachos todos los días puede reducir la presión arterial, por lo que no se disparará tanto cuando llegue ese subidón de adrenalina.

Las naranjas entran en la lista por su riqueza en vitamina C, y los estudios sugieren que esta vitamina puede reducir los niveles de las hormonas del estrés y fortalecer el sistema inmunitario. Si se aproxima un acontecimiento especialmente estresante puedes considerar la posibilidad de tomar un suplemento de vitamina C. En un estudio, la presión arterial y los niveles de cortisol volvieron a la normalidad más rápidamente cuando los participantes tomaron 3.000 miligramos de vitamina C antes de una tarea estresante.

El magnesio de las espinacas ayuda a regular los niveles de cortisol y tiende a agotarse cuando estamos bajo presión. Una cantidad insuficiente de magnesio puede provocar dolores de cabeza y fatiga, lo que agrava los efectos del estrés, y una taza de espinacas es muy útil para reponer las reservas de magnesio. ¿No te gustan? Prueba a comer soja cocida o un filete de salmón, también rico en magnesio.

Para mantener a raya el cortisol y la adrenalina hazte amigo del kelp o del pescado graso. Los ácidos grasos omega-3, presentes en el kelp y en pescados como el salmón y el atún, pueden prevenir las subidas de las hormonas del estrés y proteger contra las enfermedades del corazón. Para un suministro constante procura comer tres onzas de pescado graso al menos dos veces por semana.

Una de las mejores maneras de reducir la presión arterial alta es consumir suficiente potasio, y medio aguacate tiene más potasio que un plátano de tamaño medio. Además, el guacamole ofrece una alternativa nutritiva cuando el estrés te hace desear un capricho con mucha grasa.

Las almendras están llenas de vitaminas útiles: la vitamina E refuerza el sistema inmunitario y contiene una serie de vitaminas del grupo B que pueden hacer que el cuerpo sea más resistente a los episodios de estrés. Para obtener sus beneficios come un cuarto de taza de almendras al día.

Las verduras crudas y crujientes pueden combatir los efectos del estrés de forma puramente mecánica. Masticar palitos de apio o zanahoria ayuda a liberar la mandíbula apretada, y eso puede evitar las cefaleas tensionales.

Los carbohidratos a la hora de acostarse pueden acelerar la liberación de serotonina y favorecer el sueño. Pero las comidas copiosas antes de irse a dormir pueden desencadenar la acidez, así que opta por algo ligero, como una tostada con mermelada.

Medita: ve directamente a tu centro

La Clínica Mayo recomienda la meditación para aliviar el estrés, diciendo: «Si el estrés te tiene ansioso, tenso y preocupado, considera probar la meditación. Dedicar incluso unos minutos a la meditación puede devolverte la calma y la paz interior. Cualquiera puede practicarla. Es sencilla y barata, y no requiere ningún equipo especial. Y puedes llevar a cabo la meditación dondequiera que estés, ya sea dando un paseo, en el autobús, esperando en la consulta del médico o incluso en medio de una reunión de trabajo difícil».

La meditación puede convertirse en un método permanente para no perder la perspectiva, y quienes la practican con regularidad han descubierto que es una forma relajante y centrada de recuperarla. Tenemos la suerte de que la meditación se ha convertido en una práctica habitual y ya no se considera una actividad improductiva, de mirarse el ombligo. Hoy en día, la vida es un entorno fluido y acelerado. Para sacarle el máximo partido necesitamos estar conectados con nuestro centro, lo que requiere soledad y silencio.

Cuando estamos solos en la meditación podemos delimitar dónde terminamos nosotros y dónde empiezan los demás.

Cuando decimos que vamos a «meditar» sobre algo queremos decir que nos centraremos en ello hasta ver su esencia, su significado para nosotros. Milton Erickson dijo que la meditación contrarresta los elementos de la existencia moderna, que nos producen tanto estrés. La meditación nos muestra cómo los acontecimientos de nuestra vida son tan grandes o pequeños como los dejamos ser, y nos permite centrarnos en los momentos de la vida tal y como existen realmente, liberándonos momentáneamente de la neurosis, la obsesión y la ansiedad. Chogyam Trungpa, el renombrado monje tibetano, dijo lo siguiente:

La meditación es simplemente la creación de un espacio en el que somos capaces de exponer y deshacer nuestros juegos neuróticos, o autoengaños, nuestros miedos y esperanzas ocultos. Al ser más claramente conscientes de las emociones y las situaciones de la vida, el espacio en el que se producen puede abrirnos a una conciencia más panorámica. En este punto se desarrolla una actitud compasiva, una calidez. Es una actitud de aceptación fundamental de uno mismo, sin perder la inteligencia crítica.

Una forma exitosa de meditar es simplemente contar las respiraciones, inhalando y exhalando. Otra consiste en decir «pensando» en silencio cada vez que surja un pensamiento intrusivo. Hay tantas formas diferentes de meditar como personas.

La meditación es el desestresante definitivo.

Practicar yoga, taichí o artes marciales

A veces denominadas «meditación en movimiento», estas formas de ejercicio se han utilizado durante siglos para mantenerse sano, concentrado y flexible. Son excelentes métodos para liberar la energía física de forma positiva y saludable.

Practicar yoga

El yoga puede ser un método eficaz para reducir el estrés y la ansiedad, y sus series de posturas —algunas con nombres de la naturaleza— y los ejercicios de respiración controlada son un medio popular de gestión del estrés y de relajación. No hace mucho tiempo, el yoga parecía extraño y exótico, al igual que la meditación. Hoy en día, las clases de yoga que enseñan el arte de la respiración y la meditación se ofrecen en casi todas partes, desde los gimnasios de moda en las grandes ciudades hasta las clases de educación comunitaria en los pueblos pequeños, pasando por los hospitales y las clínicas.

El yoga se considera una práctica de medicina complementaria y alternativa del tipo mente-cuerpo, y aúna disciplinas físicas y mentales para lograr la paz del cuerpo y la mente, ayudándonos a relajarnos y a controlar el estrés y la ansiedad. La filosofía tradicional del yoga requiere que los estudiantes se adhieran a esta misión a través del comportamiento, la dieta y la meditación. Pero si sólo buscamos una mejor gestión del estrés (ya sea por los problemas cotidianos de la vida o por un problema de salud) y no un cambio completo de estilo o forma de vida, el yoga puede ayudar.

Con sus movimientos silenciosos y precisos, aleja nuestra atención de nuestro ajetreado y caótico día y la dirige hacia la calma mientras movemos nuestro cuerpo mediante posturas que requieren equilibrio y concentración.

El yoga tiene muchos estilos, formas e intensidades. El Hatha Yoga, en particular, puede ser una buena opción para controlar el estrés. Es uno de los estilos más comunes de yoga, y algunos principiantes lo encuentran más fácil de practicar por su ritmo más lento y sus movimientos más sencillos. Pero la mayoría de las personas pueden beneficiarse de cualquier estilo: todo es cuestión de preferencias.

Las poses de yoga, también llamadas posturas o *asanas*, son una serie de movimientos diseñados para aumentar la fuerza y la flexibilidad, y van desde estar tumbado en el suelo completamente relajado hasta posturas difíciles que pueden poner a prueba nuestros límites físicos. La respiración controlada es otro aspecto importante del yoga, puesto que la respiración significa energía vital. El yoga enseña que el control de la respiración puede ayudar a controlar nuestro cuerpo y a tranquilizar nuestra mente.

El suave y sagrado poder del taichí

Otra forma de reducir el estrés es el taichí, un arte antiguo que utiliza movimientos suaves y fluidos para reducir el estrés del ajetreado estilo de vida actual y mejorar la salud. Se describe a veces como «meditación en movimiento», porque promueve la serenidad a través de suaves movimientos que conectan la mente y el cuerpo. Desarrollado originalmente en la antigua China para la autodefensa, el taichí evolucionó hasta convertirse en una elegante forma de ejercicio que ahora se utiliza para reducir el estrés y para ayudar en una variedad de otras condiciones de salud.

El taichí, también llamado Taichí Chuan, es un sistema no competitivo de ejercicios físicos suaves y de estiramiento, una serie de posturas o movimientos realizados de forma lenta y elegante. Cada postura fluye hacia la siguiente sin pausa, asegurando que el cuerpo esté en constante movimiento. Es atractivo porque es barato, no requiere ninguna equipación especial y puede practicarse en interiores o exteriores, solo o en grupo.

8

Cómo desarrollar un gran don de gentes

*Si de la lectura de este libro obtienes una sola cosa
—una mayor tendencia a pensar siempre desde el punto
de vista de los demás y a ponerte en su lugar—, si obtienes
esa única cosa de este libro, puede resultar fácilmente
uno de los pilares de tu carrera.*

DALE CARNEGIE, *Cómo ganar amigos e influir
sobre las personas*

¿Nacemos siendo influyentes? ¿O desarrollamos la influencia? Parece que ambas cosas. Algunas personas nacen para desempeñar papeles o puestos en la vida que les permiten ser influyentes. Otras trabajan duro para desarrollarse, y la capacidad de influir puede convertirse en una consecuencia voluntaria o involuntaria. Sin embargo, incluso los que nacen en una buena posición social deben trabajar duro para desarrollar una capacidad real de influir en la gente de forma positiva.

La influencia va de la mano del liderazgo. A medida que desarrollamos la capacidad de influir, a menudo gravitamos hacia un papel de liderazgo. Nuestros motivos para influir en los demás acabarán por conocerse, y si no son dignos, nuestra influencia se verá reducida.

Dale Carnegie es conocido por su libro *Cómo ganar amigos e influir sobre las personas*, que está lleno de ejemplos de aplicación de treinta principios de relaciones humanas «win-win». Si tuviéramos que reducir los treinta principios descubiertos por el autor a uno solo, probablemente sería el respeto. La mayoría de las personas estarían de acuerdo en que preferiríamos el compromiso a la conformidad por parte de los demás.

Algunas de las palabras clave relacionadas con el cumplimiento son *estatus, obligación, papel, posición, puesto* y *rango*. Sin embargo, las palabras clave en las que pensamos cuando pensamos en el compromiso son *conexión, correspondencia, interés, relación, asociación* y *destinatario*.

Todos podemos hacer el tipo de investigación que hizo Dale Carnegie pensando en aquellas personas que consideramos influyentes y enumerando sus cualidades, valores o habilidades notables.

Conviértete en una persona más amable

Las famosas sugerencias de Dale Carnegie para convertirse en una persona más amable siempre merecen ser repetidas. Hay una razón por la que se encuentran entre las sugerencias más célebres del mundo: porque funcionan, son sencillas y mejoran nuestro carácter tanto como nuestras relaciones. Son:

- No critiques, condenes o te quejes.
- Muestra un agradecimiento honesto y sincero.
- Despierta en la otra persona una voluntad entusiasta.
- Interésate de verdad por los demás.
- Sonríe.
- Recuerda que el nombre de una persona es para ella el sonido más dulce en cualquier idioma.
- Anima a los demás a hablar de sí mismos.

- Habla en términos de los intereses de la otra persona.
- Haz que el otro se sienta importante y hazlo con sinceridad.

Utilizar las historias para influir en los demás

Las historias tienen un impacto en nuestra parte emocional y en nuestra lógica, ya que proporcionan contexto además de información. Conectan a un nivel psicológico que motiva y ayuda a los oyentes a relacionarse con nosotros como personas. Llegan a los demás a un nivel sensorial múltiple, e intrigan a todas las edades y culturas.

> *Las nueve décimas partes de las controversias graves que surgen en la vida se deben a malentendidos, a que uno no conoce los hechos que al otro le parecen importantes, o a que no aprecia el punto de vista del otro.*
>
> Juez Louis D. Brandeis

Practicar el liderazgo cotidiano

Para influir en las actitudes y los comportamientos de los demás empieza por elogiarlos y agradecerles sinceramente. Llama la atención sobre los errores de las personas de forma indirecta. Habla de tus propios errores antes de criticar al otro. Haz preguntas en lugar de dar órdenes directas. Deja que la otra persona guarde las apariencias.

Alaba y elogia la más mínima mejora. Sé sincero en tu aprobación y generoso en tus elogios. Dale a la otra persona una buena reputación a la que pueda aspirar. Utiliza el estímulo. Si hay un fallo, haz que parezca fácil de corregir. Haz que la otra persona se sienta feliz de hacer lo que le sugieres.

Debemos concentrarnos en nuestros puntos fuertes en lugar de centrarnos siempre en nuestros puntos débiles. De este modo, ascenderemos más rápidamente al nivel de experto. También es recomendable apoyarse en otros para complementar nuestras debilidades. Los grandes líderes reconocen sus puntos débiles, pero también encuentran a personas que sobresalen donde ellos no llegan y se apoyan en ellas. Los grandes líderes no ocultan sus debilidades, las utilizan. También evitan quedarse anclados en sus costumbres, por lo que a menudo toman el camino menos transitado.

No estoy de acuerdo

«Piensa, suaviza, y sólo entonces habla», aconseja Dale Carnegie. Piensa en lo que estás pensando y por qué lo estás pensando, y qué pruebas tienes. Las pruebas crean credibilidad y derrotan a la duda. Las pruebas se ven en las demostraciones, los ejemplos, los hechos, las exposiciones, las analogías, los testimonios y las estadísticas.

El «suavizante» que menciona Dale Carnegie puede consistir en frases como «entiendo eso de…», «comprendo…» y «respeto tu punto de vista…». Recomienda evitar palabras como «pero», «sin embargo» y «a pesar de todo», porque no tienden puentes, sino que dividen. El lenguaje «suave» evita la brusquedad y la posibilidad de poner a la otra persona a la defensiva.

Es importante dejar que los demás mantengan su dignidad, incluso en momentos de conflicto, y reafirmar su valor. Crea un entorno en el que todas las partes puedan aprender.

El término medio siempre es posible

Busca la manera de crear un terreno común entre tú y la persona que ha cometido un error, estableciendo primero una relación. El entendimiento es un depósito de buena voluntad y confianza mutua acumulado durante un largo periodo de trato justo. Cuando te reúnas, empieza por tranquilizar a la persona y reducir su ansiedad. Ayúdala a sentirse cómoda. Comunícate con empatía y, a continuación, tiende puentes sobre el tema en cuestión.

Pronto llegará el momento de tratar el problema. Durante este paso debemos centrarnos en el problema y no en la persona. Elimina los pronombres personales, sobre todo la palabra «tú», para evitar dar la impresión de confrontación y despersonalizar el problema. Lo que está mal es la acción, no la persona que la ha hecho. Queremos dar a la otra persona la oportunidad de explicar lo que ha pasado y luego comunicarle lo que sabemos sobre el problema.

Debemos escuchar para comprender y determinar si acepta la responsabilidad o si culpa a otros y evita la responsabilidad. El objetivo es reunir hechos e información para poder identificar y analizar con precisión el problema y por qué ha ocurrido. Reduce la actitud defensiva haciendo preguntas y no sacando conclusiones precipitadas. Los diferentes puntos de vista saldrán a la luz y se podrá identificar la raíz del problema.

Opciones, compromiso, responsabilidad

Los pasos siguientes tienen por objeto remediar el problema, reducir la posibilidad de que el error se repita y restablecer el rendimiento de la persona. También implican la planificación para idear un modo de evitar que el problema vuelva a producirse.

El paso de explorar juntos las opciones debe manejarse de forma diferente con la persona que acepta la responsabilidad que con la que culpa a otros y evita asumirla. Con la persona responsable se puede utilizar el interrogatorio, la escucha y la orientación para animarla a sugerir formas de corregir la situación. Esta persona puede participar en el análisis del problema y en el proceso de toma de decisiones, y será más probable que se comprometa cuando ayude a aportar la solución. Para el que «culpa» o «evita» es posible que primero haya que reafirmar las expectativas y dar lecciones de aceptación de la responsabilidad para restablecer la rendición de cuentas.

Donde los que se equivocan necesitan ayuda

Al establecer el compromiso hay que centrarse en la persona. Obviamente, una persona que se ha equivocado se siente en cierta medida como un fracaso, y es probable que esté menos dispuesta a abordar la siguiente oportunidad con confianza. Por lo tanto, necesita ayuda para ver la situación en un contexto diferente.

La persona en cuestión necesita que se le reafirme su valor e importancia, así como el apoyo y el estímulo de los demás, y debe acabar motivada para alcanzar un rendimiento óptimo porque percibe que es posible una relación sólida. Hay que afirmar el compromiso de restablecer un nivel de alto rendimiento y nuestro compromiso con su éxito.

La persona que «culpa» o «evita» debe salir de la discusión con un sentido de responsabilidad y una comprensión de cuáles son las expectativas del otro.

Identifica tus tendencias

Nuestras relaciones con los demás se definen por el grado de confianza que estos muestran. Dale Carnegie llamó a la confianza el resultado de la competencia más la compasión. Dado que nuestras tendencias influyen en nuestras relaciones sociales, nos sirve aprender cuáles son nuestras tendencias y cómo se relacionan con los demás.

Cada una de las filas con letras de abajo contiene cuatro palabras o frases. Marca con un círculo la palabra o frase de cada fila

(A, B, C, etc.) que mejor te describa. Elige sólo un elemento de cada fila. Cerca de la parte inferior, en la fila titulada «Total», suma el número de elementos marcados con un círculo en cada columna.

A	Un reportero	Un futurista	Un realista	Un coordinador
B	Orientado hacia las personas	Centrado en los detalles	Centrado en los valores	Pensador avanzado
C	Un soñador	Un conductor	Un hacedor	Un pacificador
D	Decisivo	Inspirador	Leal	Considerado
E	Cumple los plazos	Une a las personas	Lo lleva todo al día	Tiene sentido de la misión
F	Dramático	Curioso	Relajado	Concentrado
G	Sabe cómo deben hacerse las cosas	Sabe lo que hay que hacer	Sabe dónde quiere estar	Sabe qué preguntas hacer
H	Revisa el método	Anticipa los problemas	Resuelve los problemas	Resuelve los conflictos
I	Obtiene resultados	Garantiza que los resultados sean adecuados	Se asegura de que las cosas se hagan bien	Se centra en los resultados
J	Carismático	Preparado	Fácil de llevar	Consciente
TOTAL				
	Visionario	Realizador	Facilitador	Analista

Ten en cuenta que los rasgos de cada columna corresponden a un papel: visionario, realizador, facilitador y analista. La columna con la puntuación más alta revela el papel que probablemente estés más capacitado para desempeñar:

- **Visionario:** se centra principalmente en el panorama general. Tiene en cuenta los resultados deseados a largo plazo y la dirección general del equipo y sus procesos. Como tal, el visionario puede proporcionar un sentido muy necesario de la misión, la dirección y el liderazgo que otros no pueden ofrecer. *En el lado negativo, suele ignorar los detalles y no hace lo necesario para que las cosas se hagan.*

- **Realizador:** es la persona con la que más se puede contar para llevar a cabo las tareas. Suele ser un trabajador diligente con un excelente nivel de conocimientos técnicos y hará todo lo posible para completar cualquier tarea asignada. *Sin embargo, en su afán por hacer las cosas, el realizador suele pasar por alto las contribuciones de los demás y puede ser considerado como «alguien con quien es difícil trabajar».*

- **Facilitador:** es, con diferencia, el que mejor trabaja con los demás. De esta manera, trata de garantizar que los procesos se establezcan y se mantengan. Cuando surgen conflictos se puede contar con el facilitador para que intervenga y arregle las cosas, haciendo que todas las partes discutan adecuadamente sus diferencias. *Esto también puede ser negativo, porque, con este tipo de atención al proceso, el facilitador a menudo se olvida de completar las tareas a tiempo.*

- **Analista:** en un entorno de equipo, el analista es la conciencia del equipo. Revisa las decisiones y los enfoques y los compara con el objetivo común para asegurarse de que el equipo se mantenga en el buen camino. Como tal, el analista puede proporcionar a menudo la brújula ética y de procedimiento que necesitan los equipos. *Sin embargo, al hacerlo, el analista suele permanecer en el modo reactivo y rara vez se le considera como un emprendedor o como alguien que puede llevar a cabo una tarea solo.*

La siguiente cuadrícula presenta breves descripciones de cómo las personas pueden trabajar juntas. Selecciona tu tendencia en la parte izquierda y descubre cómo trabajar mejor con otros roles.

	Visionario	Realizador	Facilitador	Analista
Visionario	Ten en cuenta que, como visionario, miras hacia el mañana, pero tienes que trabajar con otros para hacer las cosas hoy.	Trata de traducir tu visión del futuro en cosas que el realizador pueda llevar a cabo y en las tareas necesarias.	Combina tu inspiración con las habilidades sociales del facilitador para establecer un proceso que combine tu visión y el propósito común.	Autoriza al analista para que examine las tareas y los procesos para asegurarse de que se ajustan a la visión y al propósito común.
Realizador	Busca el consejo del visionario para asegurarte de que tus tareas marcan la diferencia en términos de la visión general.	Divide claramente las tareas con otros realizadores para garantizar los mejores resultados.	Pregunta al facilitador por las formas en que el proceso puede apoyar las tareas. Intenta adaptar algunas de sus habilidades sociales a tu propio estilo.	Anima al analista a revisar su trabajo para ayudarle a mejorar y a asegurarse de que sus esfuerzos apoyen el propósito común.
Facilitador	Recuerda al visionario el proceso necesario para llegar a los resultados a largo plazo. Permite que su visión moldee los procesos que utilizas.	Valora las contribuciones del realizador a la consecución del propósito común y sugiere procesos que le ayuden a trabajar con otros miembros del equipo.	Trabajad juntos para establecer procesos que tengan en cuenta las necesidades de todos los miembros de tu equipo.	Pregunta al analista en qué medida los procesos del equipo apoyan el propósito común.
Analista	Ayuda al visionario a ver que los objetivos a largo plazo y los propósitos comunes están interrelacionados.	Permite que el realizador tome la iniciativa en las tareas que requieran tiempo, a la vez que lo apoyas con consejos y orientación.	Una vez que el facilitador haya establecido un proceso, trabaja en este proceso para lograr el propósito común.	Colabora con otros analistas para que tus comentarios sean positivos y de apoyo y para fomentar la unidad del equipo.

9

El carisma:
el mejor ingrediente
del éxito

«Carisma» proviene de una palabra griega que significa «don» o «favor». El diccionario define el carisma como «especial capacidad de algunas personas para atraer o fascinar». Ya sea en la oficina o no, sabemos cuándo estamos en presencia del carisma. Pero no siempre sabemos cuándo lo poseemos nosotros mismos.

Prueba tu cociente de carisma

Para determinar lo carismático que eres (o no), indica si cada una de las siguientes afirmaciones es cierta para ti rara vez, a veces o habitualmente. Marca la primera respuesta que se te ocurra. Suponiendo que contestes con sinceridad, tus respuestas proporcionarán un indicador bastante preciso de tu grado de carisma.

	Rara vez	A veces	Habitualmente
En las reuniones sociales y profesionales, la gente se siente atraída por mí y busca mi compañía.			
Expreso mis emociones libremente.			
Tengo confianza en mí mismo y soy completamente natural en entornos sociales y profesionales.			
Me intereso genuina y sinceramente por los demás y veo con buenos ojos las opiniones diversas.			
Soy enérgico, entusiasta y apasionado de mis creencias, valores, trabajo y ocio.			
Me gusta estar rodeado de gente, soy una persona cálida y amable, y tengo una personalidad acogedora.			
Soy experto en pensar sobre la marcha y responder bien bajo presión.			
Me resulta fácil convencer, persuadir e inspirar a otros para que actúen o cambien.			
Me gusta hablar en público.			
La gente tiende a querer conocerme mejor.			

Errores que destruyen el carisma

Cuando trabajes para ser más carismático evita los siguientes errores que destruyen el carisma:

- No tener confianza ni ser auténtico.
- Escasa capacidad social y de comunicación.
- Demostrar poca capacidad de escucha; fingir que se escucha o escuchar sólo para responder.
- Procrastinar o actuar con indecisión cuando hay que tomar decisiones.
- Estar a la defensiva o no asumir la responsabilidad de los errores.
- Mostrar favoritismos o practicar acoso.
- Ser controlador, arrogante o intransigente.
- Tener una actitud negativa, ser crítico y quejarse a menudo.
- Ética de trabajo deshonesta o pobre y valores cuestionables.
- Juzgar o no ser receptivo a las ideas de los demás.
- Incapacidad para pensar con rapidez y rendir bien bajo presión.
- Falta de emoción, pasión y entusiasmo.
- Hacer alarde de conocimiento, ser engreído o tener una actitud presumida.
- Hacer falsas promesas, contradecirse o no mantener la confidencialidad.
- No comprometerse o conectar con los demás a nivel personal y profesional.
- Ordenar o decir a la gente lo que tiene que hacer en lugar de preguntarles o inspirarles.
- Incapacidad de influir, convencer e inspirar a los demás.
- No mostrar gratitud, aprecio y reconocimiento sinceros.
- Falta de concentración, desorganización, dejar el trabajo inacabado.
- Hacer preguntas de respuestas limitadas o inapropiadas.
- Usar un lenguaje corporal negativo o tener un comportamiento incongruente.
- Utilizar palabras poco emocionantes para contar historias tediosas.

Las conversaciones triviales no profesionales

El estilo de comunicación no profesional, llevado a cabo a un nivel relativamente superficial, tiene el potencial de crear conexiones y convertirse en la base de una relación continua y más seria. Convertirse en un experto en conversaciones triviales no requiere un conocimiento exhaustivo de la actualidad, simplemente requiere la capacidad de centrar a la otra persona en su tema favorito y hacer preguntas que indiquen un interés genuino. Ésta es una forma segura de establecer una buena relación.

Dale Carnegie sugiere pensar en cinco preguntas diferentes que podríamos hacer sin parecer indiscretos o intrusivos para que pensemos en la dirección correcta sobre esta oportunidad de conversación potencialmente importante que podría aparecer en cualquier momento. Sonreír es útil, y los cumplidos deben ser genuinos, no forzados. Observar los rasgos, los valores o los logros del otro crea una conexión instantánea e incluso puede establecer una afinidad. Respeta las limitaciones de tiempo del otro y evita los temas controvertidos, siendo sensible a las cuestiones de diversidad. Haz preguntas reflexivas.

Mantente en el momento presente, centrándote en lo que el otro está diciendo. Sé un recurso: pregunta si puedes ayudar en caso de que sea necesario. Cuéntale al otro algo de interés que no sepa. Ofrece un cumplido genuino, añadiendo pruebas, si es posible, para expresar tu sinceridad y consideración.

Las tres «C» del carisma

La comunicación, la conexión y la confianza son las tres C del carisma:

- **La comunicación:** lo que decimos. Nuestra capacidad de preguntar, de escuchar y de mantener el contacto visual.

Hablar con términos específicos para la otra persona. Usar palabras basadas en imágenes para pintar cuadros vívidos.

- **Conexión:** cómo lo decimos. Nuestra capacidad para comprometernos y mostrar emoción. Ser auténticos, genuinos y sinceros. Centrarnos en los demás.
- **Confianza:** cómo nos vemos. Cómo actuamos. Cómo sonamos. Tener una actitud positiva. Exudar entusiasmo y poder personal.

Los líderes carismáticos suelen presentar atributos como una extraordinaria expresividad emocional, confianza en sí mismos, autodeterminación y ausencia de conflictos internos.

JAY A. KONGER Y RABINDRA N. KANUNGO, *Charismatic Leadership: The Elusive Factor in Organizational Effectiveness*

El comunicador carismático se adapta

Nadie recomienda ser un camaleón, pero para ser considerado un comunicador carismático, Dale Carnegie sugiere adaptar nuestro estilo de comunicación a la persona a la que nos dirigimos, para que se sienta cómoda. Los comunicadores persuasivos e influyentes establecerán un entendimiento, basándose en el estilo de comunicación del otro. Dedicar un tiempo al tema que sea cómodo para él. Utilizar un ritmo y un lenguaje adecuados a su estilo y ser consciente del elemento del tiempo, en función del estilo del otro.

¿Cuáles son estos estilos? Las investigaciones sobre los estilos de comunicación suelen situar a las personas en una de estas cuatro categorías:

- **Estilo amistoso («¿Por qué?»)**: desenfadado, amable, centrado en las relaciones, servicial, cálido, de corazón, le gustan los comentarios positivos.
- **Estilo analítico («¿Cómo?»)**: formal, metódico, sistemático, lógico, orientado a los datos, busca respuestas, detalles y soluciones, le gustan las pruebas.
- **Estilo excitable («¿Quién?»)**: demostrativo, expresivo, usa gestos, muestra el panorama completo y le gusta escuchar cuál es su beneficio.
- **Estilo dominante («Qué?»)**: eficaz, se centra en las metas y los objetivos, tiene puntos de vista y opiniones fuertes, decisivo, le gusta que le presenten opciones.

Cómo nuestra imagen puede ayudar a que los demás nos vean como carismáticos

Somos tan carismáticos como los demás nos perciben, así que debemos ser conscientes de cómo nos ven los demás:

- **Nuestro aspecto:** ten en cuenta tu forma de vestir, tu higiene e incluso tus complementos. La expresión facial y los gestos habituales.
- **Cómo actuamos:** nuestra conducta, lenguaje corporal, actitud y lo que mostramos de nuestro carácter.
- **Lo que decimos:** nuestro vocabulario, la información que presentamos, nuestros conocimientos y las historias que contamos.
- **Cómo lo decimos:** nuestra voz, el tono, la afinación y la velocidad o el tempo.

Consejos para aumentar nuestro cociente de carisma

Crea una primera impresión positiva y memorable. Seamos conscientes de la forma en que nos proyectamos. Los pequeños gestos, como estrechar la mano de otra persona o recordar su nombre, crean una primera impresión memorable. Sigue estos consejos para mejorar tu cociente de carisma:

1. Mantén una actitud positiva y proyecta una energía y un lenguaje corporal positivos. Mantén el optimismo sobre ti mismo, sobre los demás y sobre la vida en general.
2. Infunde «vida», pasión y entusiasmo en cada interacción.
3. Relájate y habla con amabilidad. Habla con pasión, energía y entusiasmo, y utiliza las pausas para enfatizar.
4. Aprende a pensar sobre la marcha y a improvisar en situaciones imprevistas, y prepárate para responder bien bajo presión.
5. Debes estar bien informado. Infórmate sobre lo que ocurre en el mundo y, concretamente, en tu área de especialización.
6. Cautiva con tu discurso. Mantén la coherencia entre lo que dices y cómo lo dices. Sé creíble, genuino y sincero. Sé elocuente y modula tu voz para que los demás te escuchen. Sé un gran narrador y utiliza palabras basadas en imágenes para pintar cuadros vívidos.
7. Atrae a los demás centrándote en ellos y prestándoles atención. Hazles sentir que son la única persona y la más importante en la sala.
8. Sé respetuoso con los demás y contigo mismo. Muestra respeto a los demás aunque no estés de acuerdo con ellos y mantén siempre el respeto hacia ti mismo. Sé sensible ante los diversos temas y habla con diplomacia y tacto.

9. Establece conexiones y confianza con los demás. Reproduce su lenguaje corporal y sus gestos para que se sientan cómodos.

10. Sé humano. Siente tus emociones y sintoniza con las de los demás. Permite que las emociones se manifiesten en tus acciones y en tu forma de hablar. Escucha las emociones en las palabras de los demás y responde a ellas.

11. No te dejes intimidar por otras personas carismáticas.

12. Mantén el impulso y la determinación para alcanzar tu misión, visión y objetivos.

13. Conserva la humildad y la modestia. Céntrate en el éxito de los demás. Deja que tus éxitos hablen por sí mismos.

14. Haz cumplidos sinceros, reconoce y agradece con libertad.

15. Trata a todas las personas que conoces como a alguien importante.

16. Muestra calidez y aceptación hacia las personas que conoces.

17. Destaca entre la mediocridad. Sé razonablemente polémico, asume riesgos y propón ideas fuera de lo común.

18. Diviértete y no pierdas el sentido del humor. Cuando disfrutamos de nuestra vida, de nuestro trabajo y de nosotros mismos, los demás se sentirán atraídos por nuestra energía y exuberancia.

10

Cómo causar una buena
primera impresión

«Nunca se tiene una segunda oportunidad para causar una primera impresión» es una vieja perogrullada. Afortunadamente, es posible ser lo suficientemente consciente como para estar siempre listo a la hora de presentar la mejor primera impresión posible en cualquier momento.

En este capítulo destacamos varios factores que Dale Carnegie consideraba especialmente importantes para causar una gran primera impresión.

Contacto visual

Un contacto visual eficaz implica que una persona está segura de sí misma, es honesta, está interesada, tiene el control y se siente cómoda en la interacción.

La falta de contacto visual suele interpretarse como que el individuo tiene algo que ocultar, no quiere estar en esa situación y se siente intimidado, temeroso o avergonzado. También puede implicar evasión, aburrimiento, nerviosismo o falsedad.

Los estudios de investigación demuestran que, en las entrevistas de trabajo, los candidatos dan respuestas más largas y reveladoras cuando el entrevistador mantiene un contacto visual constante.

En el aula, la comprensión y la retención de los alumnos pueden estar directamente correlacionadas con el nivel de contacto visual del profesor.

Sin embargo, hay una notable excepción. Cuando revelamos información muy personal solemos evitar el contacto visual. Especialmente los hombres revelan menos información personal si el contacto visual es demasiado intenso.

Análisis del contacto visual eficaz en los negocios

El contacto visual eficaz en los negocios implica varios factores, como la intensidad, el lugar y la duración, como se explica en las siguientes secciones.

Intensidad

La mirada es prolongada y focalizada, y va acompañada de signos de aceptación y amabilidad como expresiones faciales suaves, lenguaje corporal relajado y vocalizaciones que indican interés y atención. El contacto visual prolongado y focalizado sin un contexto suavizador puede parecer amenazante o agresivo.

Ubicación

El contacto visual de alumno a alumno es ideal cuando el objetivo es transmitir información específica con énfasis en la precisión. En otras situaciones puede resultar más cómodo romper el contacto visual directo de vez en cuando o suavizarlo en general desplazando ligeramente nuestro enfoque. Para lograr una conexión más suave, intenta alternar sutilmente tu mirada a diferentes zonas de la cara de la persona:

- Justo debajo de una de las cejas de la persona.
- El puente de la nariz de la persona.
- Cerca de la esquina interior de uno de los ojos de la persona.

Cada una de estas zonas da la impresión de un contacto visual directo sin la dureza del contacto visual directo.

Tenga en cuenta que mirar más abajo de los ojos de la otra persona suele interpretarse como un signo de sumisión o de falta de confianza, así que rompe el contacto visual moviendo el foco hacia arriba o hacia fuera en su lugar.

Duración

Olvídate de las «reglas» sobre cuántos segundos de contacto visual debes mantener. ¿Cómo podemos estar atentos a la comunicación de la otra persona si estamos marcando inconscientemente un límite de tiempo arbitrario?

Mantener el contacto visual entre el 60 y el 70 por ciento del tiempo se considera bueno, y más cuando se comunica información específica para que sea retenida. Una excelente pauta es mantener el contacto visual con sólo breves periodos de «descanso», a menos que haya una razón específica para dirigir la mirada hacia otro lado.

En una situación de grupo, mantén el contacto visual con alguien todo el tiempo. Distribuye el contacto visual cuidadosamente para incluir a todos los participantes. Incluir a personas desafiantes, o a aquellas que sabes que no están de acuerdo con tu postura, en tu contacto visual implica un alto grado de confianza en ti mismo. También implica un nivel de comodidad y aceptación hacia las opiniones de los demás.

Pareceremos más fuertes si solemos esperar a que la otra persona rompa el contacto visual. Sin embargo, de vez en cuando deberíamos romperlo nosotros para no parecer intimidantes y para que la otra persona se sienta importante.

Incluso podemos comunicar confianza por la forma como rompemos el contacto visual. Un movimiento brusco de acercamiento y alejamiento parece nervioso o furtivo, mientras que un movimiento más lento y controlado implica seguridad o consideración cuidadosa.

Variables situacionales

Cuando estamos de pie o sentados frente a la otra persona, ésta espera más contacto visual, mientras que cuando estamos de pie o sentados uno al lado del otro espera menos.

Cuanto más cerca estamos, más intenso parece el contacto visual directo y, por tanto, menos se espera de éste; en un ascensor, por ejemplo.

Variables culturales

No fuerces el contacto visual si es evidente que la otra persona lo evita. Algunas culturas (e individuos) tienen expectativas diferentes sobre el contacto visual de los estadounidenses típicos. Cuando percibimos que ese puede ser el caso debemos hacer que la otra persona se sienta cómoda minimizando el contacto visual, o pareceremos prepotentes e intimidantes.

Apretones de manos

Se cree que los apretones de manos se originaron en los campos de batalla medievales como un apretón de manos de antebrazo a antebrazo para comprobar si hay armas ocultas, y un buen apretón de manos es igualmente desarmante hoy en día en un sentido psicológico, creando una conexión que hace que la otra persona esté más abierta a aceptarnos y a comunicarse honestamente.

En un estudio universitario, los investigadores dejaron una moneda de 25 centavos en la cabina telefónica de un aeropuerto. Después de que otra persona utilizara el teléfono, el investigador se acercó, explicó que había dejado accidentalmente su moneda y preguntó si el individuo la había encontrado. Más de la mitad de los encuestados mintieron. El investigador añadió entonces un apretón de manos y un saludo antes de preguntar por la moneda, ¡y el número de respuestas falsas disminuyó en un 66 %!

En el clima empresarial actual, el apretón de manos es la única forma universalmente segura y aceptable de tocar a los demás, y el vínculo que puede crear es muy fuerte. Aprovecha cualquier oportunidad para aceptar o iniciar un apretón de manos con colegas de ambos sexos.

Variaciones sobre el tema del apretón de manos

Envolver la mano de la persona con la otra mano es apropiado cuando nuestra intención es indicar calidez adicional, felicitaciones y condolencias. Este tipo de apretón de manos puede utilizarse cuando se reconecta con un viejo conocido o para expresar sutilmente la preocupación personal en un entorno empresarial.

Otras formas de tocar

Un toque secundario en la parte superior del brazo o el hombro eleva el nivel de intimidad en un apretón de manos. Si tenemos alguna duda sobre qué saludo se espera, podemos ofrecer la mano primero. Si la otra parte intensifica el contacto hasta convertirse en un abrazo, las manos agarradas evitan que el abrazo se convierta en algo demasiado íntimo.

Para desalentar la posibilidad de un abrazo, inicia el apretón de manos desde una distancia ligeramente mayor; es mucho más difícil pasar a un abrazo con más espacio entre dos cuerpos. Aun así, podemos crear la impresión de un saludo más cálido iniciando el apretón de manos más rápidamente y manteniendo el agarre un poco más de lo habitual.

Apretón de manos de despedida

Dado que es prácticamente el único contacto físico que se espera en los negocios, no pierdas la oportunidad de volver a estrechar la mano al final de una interacción. Si el intercambio ha sido positivo (o si quieres darle un giro más positivo a una interacción ligeramente negativa), haz que el apretón de manos de despedida sea un poco más íntimo que el primero, utilizando un apretón más firme, una duración más larga y/o una expresión facial positiva para comunicar calidez y aceptación a la otra persona.

Lenguaje corporal

Las expresiones faciales, la postura y los gestos a menudo transmiten más información que las palabras por sí solas, así que cuando trabajes para mejorar tu capacidad de crear una primera impresión positiva céntrate en el lenguaje corporal.

Sonreír

Sonreír hace que la gente nos responda con más calidez e incluso puede hacer que acepten mejor nuestro punto de vista.

En las elecciones presidenciales de 1984 se observó que un comentarista de televisión sonreía cuando mencionaba a Reagan, pero no sonreía cuando mencionaba a Mondale. Una encuesta posterior a las elecciones reveló que sus espectadores votaron a Reagan en un número mucho mayor que un grupo de control de otras personas con el mismo perfil demográfico.

A lo largo de su presidencia, los discursos televisados de Reagan se intercalaban con sonrisas cálidas y cordiales. A posteriori se mostraban cintas de los discursos a los espectadores de ambos partidos y se grababan sus respuestas. Cada vez que el presidente sonreía, los espectadores devolvían la sonrisa al monitor de vídeo.

¿Qué creemos de las personas que sonríen? Los estudios demuestran que la mayoría de las personas interpretan que las sonrisas reflejan confianza, competencia, cariño y fiabilidad. Se ha documentado repetidamente que los jueces y los jurados tratan con más indulgencia a los acusados que sonríen.

Una buena sonrisa implica tanto los músculos de las mejillas como los de los ojos, es decir, a toda la cara. Practica frente a un espejo para ver y sentir la diferencia. Por supuesto, la forma más fácil de generar una sonrisa genuina y completa es mantener una actitud positiva sobre la interacción en la que se participa.

Postura

Como se ve al instante, la postura provoca una reacción inmediata e inconsciente en el espectador. Los estudios correlacionan las creencias positivas sobre la popularidad, la confianza en sí mismo, la ambición, la amabilidad y la inteligencia con una buena postura.

La postura es especialmente importante para las personas que necesitan compensar alguna otra desventaja de su imagen: las que son más bajas, tienen la voz débil, no pueden permitirse todavía ropa de calidad o tienen sobrepeso o son menos atractivas.

Mantener una buena postura también nos hace más agudos mentalmente al permitir que nuestros pulmones funcionen más eficazmente, permitiendo así que llegue más oxígeno al cerebro.

De pie:

Si nos estiramos hasta la máxima altura alargando nuestro torso, esta simple corrección puede añadir un centímetro a nuestra altura total… y contribuir de forma inconmensurable a nuestra presencia profesional.

Practica esta técnica hasta que se convierta en algo natural.

Mantén los hombros alineados. Practica esto poniéndote de pie contra una pared y presionando hacia atrás hasta que ambos hombros toquen la pared. Mantén esta alineación del cuerpo y aléjate de la pared. Aunque al principio puede parecer poco natural, con la práctica te sentirás más cómodo.

Nota: es bueno colocarse con los brazos relajados a los lados y observar la posición de las manos. Si se apoyan de forma natural con las palmas hacia atrás, en lugar de hacia el interior del cuerpo, debemos prestar especial atención a desarrollar una postura de mayor alineación de hombros.

Mantener una apariencia equilibrada centrando nuestro peso por igual en ambos pies. Desplazar el peso ligeramente hacia las puntas de los pies e inclinarse ligeramente hacia delante crea la sutil impresión de que estamos interesados y atentos.

Sentados:

Siéntate ligeramente hacia delante y erguido, no encorvado en la silla, para parecer enérgico y activamente comprometido. Mantén el cuerpo relativamente equilibrado, pero no perfectamente simétrico. Una posición exactamente centrada parece incómoda y cohibida. Coloca los brazos en una posición asimétrica para comunicar una confianza relajada.

Movimientos de cabeza

Podemos utilizar la cabeza, literalmente, para mejorar nuestra presencia profesional, inclinándola ligeramente hacia delante o hacia atrás para establecer contacto visual con alguien que es mucho más alto o más bajo. Mover los ojos para mirar hacia abajo parece presuntuoso o denigrante; mirar hacia arriba parece sumiso o implorante.

Se nos aconseja mantener la cabeza erguida en lugar de inclinarla hacia un lado. Cualquier inclinación lateral puede hacernos parecer confusos, poco brillantes o incluso coquetos. Evitar mover la cabeza hacia arriba y hacia abajo en señal de acuerdo, ya que fácilmente podemos parecer demasiado ansiosos por complacer. Afirmar el acuerdo con el interlocutor con un asentimiento lento y decidido, vocalizando o levantando una ceja en su lugar.

Leer las señales corporales de los demás

El lenguaje corporal suele comunicar un mensaje más honesto que las palabras. No evalúes un gesto o movimiento aislado, pero sí busca un patrón de pistas que confirme o contradiga la comunicación hablada.

Un conjunto de señales corporales «abiertas», como brazos relajados, palmas de las manos abiertas, expresiones faciales suaves, contacto visual, sonrisas e inclinación hacia delante suelen interpretarse como una indicación de una respuesta de aceptación por parte de la otra persona.

Una serie de señales «cerradas», como los brazos cruzados, los puños cerrados, la mandíbula fija o el ceño fruncido, la falta de contacto visual, la mueca y el alejamiento suelen enviar un mensaje colectivo de hostilidad, rechazo y evitación.

11

Conocer gente nueva es esencial para una gran vida

Conocer a gente nueva es más fácil si tenemos en cuenta sólo dos preguntas para hacernos: «¿Qué quiero saber de esta persona?» y «¿cuáles son los ejemplos de preguntas que podría hacer?»

El viejo chiste sobre conocer a alguien en un club incluye siempre la pregunta: «¿Vienes aquí a menudo?» En realidad, si se puede decir con la cara seria es un buen comienzo, pero ciertamente no funcionará para, por ejemplo, una cena en la iglesia o una fiesta, aunque podría ser eficaz en un entorno de gimnasio.

Reinventar la «charla de fiesta»

Cuando conozcamos a gente nueva, recordemos que a todos nos resulta maravillosamente satisfactorio que los demás nos pregunten qué nos pasa de forma sincera. Pero podemos mostrar ese interés sin recurrir a los mismos comodines conversacionales que se han utilizado durante muchas generaciones al iniciar las conversaciones. No es tan difícil ser creativo, y merece la pena. Causamos una mejor primera impresión, por ejemplo, preguntando el origen o el significado de un apellido como forma creativa de seguir una presentación. Eso puede llevarnos a mencionar lugares y regiones en los que hemos estado o que nos gustaría visitar.

Preguntar por los nombres de los niños de una familia puede dar lugar a conversaciones sobre cómo se eligieron y qué significan. Las preguntas sobre los animales de la casa también son útiles para generar conversación. Los nombres de animales suelen dar pie a risas y sirven para romper el hielo, sobre todo si ambas partes comparten la afición por la misma raza o especie.

No sólo «¿qué haces?», sino «¿cómo lo haces?»

Averiguar la ubicación de la casa de un nuevo conocido puede dar lugar a una pregunta sobre las actividades de las familias de la zona, por ejemplo, junto con las preguntas habituales sobre la edad y el estilo de la casa, la cantidad de terreno, etc. Este tipo de conversación puede conducir fácilmente a un tema original que genere interés genuino y sincero entre muchos del grupo, como la jardinería. A diferencia de una discusión sobre deportes o religión, nuestra preferencia por las rosas no sacará de sus casillas a un compañero que adora los lirios.

Puede que sea hora de dejar descansar el manido «a qué te dedicas?», al menos si no vamos a ir más allá. Expresar un interés genuino (no robótico) por el trabajo de las personas puede ser refrescante, sobre todo si sus propias familias perdieron el interés hace tiempo por el motivo por el que salen de casa cada mañana. Lo más probable es que el trabajo de un nuevo conocido no se parezca al nuestro. ¡Qué mina de oro de posibilidades! «¿Cómo ha cambiado la ingeniería en los últimos años? ¿Considera que levantar la vista del ordenador con regularidad es tan bueno para la vista como dicen? Como camarera, ¿ha visto cambios en lo que piden sus clientes últimamente? ¿Qué consejo le daría a un recién llegado a su campo?»

Con la pregunta «¿Cuál es el último lugar que has visitado?» es probable que se inicie una animada conversación, tanto si hemos estado en ese lugar como si estamos deseosos de saber por qué deberíamos visitarlo. Esta conversación puede extenderse por caminos muy diversos, como la comida, la música, la vegetación, los idiomas, etc. Incluso averiguar adónde viaja nuestro nuevo conocido por motivos de trabajo puede suscitar una animada conversación. «¿Conoces algún restaurante en Roma donde hablen inglés y sea adecuado para ir con niños?» «¿Me enviarán bombillas de Holanda si elijo algunas cuando esté allí?» «¿Se puede contratar un conductor privado en China?» «¿No te preocupaba tu seguridad en Egipto?»

Sintonías, equipos y problemas

Si hay música sonando mientras nos disponemos a entablar una conversación, un comentario sobre ella puede ser oportuno. Siempre podemos encontrar algo bueno que decir sobre la música; puede ser animada, aunque nuestra preferencia sea otra. «No he escuchado esto desde que iba en mi primer Mustang» dará lugar, sin duda, a una racha de encantadora nostalgia, y «solía ponerle esto a mi madre sólo para fastidiarla» conseguirá sin duda una carcajada y quizá una divertida continuación. Las referencias musicales son valiosas porque también pueden dar lugar a tangentes interesantes. «Si esto fuera un poco más rápido, podríamos jugar al limbo, como hicimos en nuestro último crucero», por ejemplo, o «mi hija intentó poner esta canción en mi iPhone, pero Dylan le quitó el puesto».

Las conversaciones sobre deportes adquieren vida propia, al igual que las aficiones. A veces, incluso el hecho de ver un llavero, una pegatina para el parachoques o una gorra de béisbol que merezca la pena comentar puede acelerar la conversación, pero sólo si podemos ser deportivos sobre un equipo rival.

Y luego está el tema espinoso de la política. Tradicionalmente ha habido una franja amarilla brillante de cinta policial alrededor de este tema, y con razón, a menos que tengamos una idea bastante buena de que la persona con la que estamos hablando vota de la misma manera que nosotros o tiene una mentalidad poco común. Los temas sociales amplios —muy amplios— pueden ser un territorio más seguro, o los comentarios no incendiarios sobre lo que ocurre en partes lejanas del mundo. Pero incluso estos temas pueden dar lugar a disputas domésticas, por muy educadas que sean, y a menudo dependiendo de la cantidad de indulgencia líquida que haya.

Por lo tanto, debemos ser cuidadosos en estas situaciones sociales, pero no demasiado indecisos, o podríamos perder una gran oportunidad de un encuentro casual exitoso que podría llevar a cualquier cosa, desde un contacto de negocios hasta el matrimonio.

Y no lo olvides: si el parón en la conversación crece lo suficiente como para pasear un elefante, siempre es perfectamente respetable recurrir a «¡mis tomates están rezando para que llueva!»

Muletillas fiables

Es útil tener a mano algunas frases que garantizan que una conversación incipiente no decaiga, especialmente si la situación es tensa o provoca ansiedad. Aquí tienes algunas frases de transición que recomienda Dale Carnegie:

- ¿En qué sentido?
- Dame un ejemplo.
- ¿Cómo es eso?
- Cuéntame más.
- ¿Puedes decirlo de otra manera?
- ¡Esa palabra tiene tantos significados diferentes! ¿Puedes decirme qué significa para ti?

También hay atajos que conducen a un terreno neutral. Aquí hay algunas:

- Mira a la otra persona.
- Haz preguntas.
- No interrumpas.
- No cambies de tema.
- Expresa tus emociones de forma controlada.
- Responde adecuadamente.

Cómo «interrumpir» educadamente

Algunos ejemplos de frases que se utilizan para tender puentes o para presentarse con suavidad son:

- Acabo de oírte mencionar algo sobre...
- ¿Te he oído decir que eres de...?
- Me pareció escuchar que recientemente estuviste en...
- Me resulta interesante que acabe de hablar de...

Posibles formas de salir de una conversación

Abandonar una conversación con elegancia suele ser más difícil que entablarla. Aquí tienes algunas ayudas:

- Ha sido un placer hablar con usted. Llevo un rato intentando conectar con la persona de allí, así que, por favor, discúlpeme.
- Llevo un rato deseando ir allí para hacerle una pregunta a esa persona. Ha sido un placer hablar con usted.
- Necesito ocuparme de algo. Ha sido un placer conocerte.
- Por favor, discúlpeme. He quedado con un colega ahora mismo. Ha sido un placer conocerle.

Escuchar para oír *de verdad*

Lo que decimos es una prueba de lo bien que escuchamos.

Marshall Goldsmith

Sé un buen oyente. Dale Carnegie dice que hay cinco niveles de escucha:

- Fingir escuchar.
- Escuchar para responder.
- Escuchar para aprender.
- Escuchar para comprender.
- Escucha empática.

Actuar como si hubiera un examen al final de nuestra escucha, sugiere Dale Carnegie. Intentar reformular lo que escuchamos para asegurarnos de que lo hemos entendido bien. Concentrarnos en el mensaje, no en la entrega. Apagar nuestra mente en la medida de lo posible.

Para saber lo buenos oyentes que somos realmente podemos responder a estas preguntas con una puntualización de «siempre», «habitualmente», «ocasionalmente» y «rara vez».

1. Me parece que la gente tiene que repetirme la información. _____

2. Sufro problemas de mala comunicación más que otros. _____

3. Tiendo a ignorar a la gente si hablan lentamente o su información es pobre. _____

4. A veces termino las frases por los demás. _____

5. Me doy cuenta de que las personas expresan sus frustraciones conmigo respecto a la falta de seguimiento o a las expectativas no satisfechas. _____

6. Con mis comentarios alejo a los demás de lo que están diciendo. _____

7. Tiendo a hacer varias cosas a la vez cuando estoy escuchando a otras personas. _____

8. Me siento incómodo pidiendo aclaraciones al orador. _____

9. Cuando alguien viene a mí con un problema tengo la tendencia de querer arreglarlo o de dar consejos. _____

10. Finjo prestar atención. _____

11. Formo una respuesta en mi mente antes de que el orador termine. _____

12. Necesito tomar notas para recordar lo que se dice. _____

13. Hago suposiciones basadas en la apariencia del hablante. _____

14. Me distraigo fácilmente cuando alguien me habla. _____

15. Suelo ser el que más habla en las conversaciones. _____

16. Hago preguntas que indican que no estaba escuchando. _____

17. Muestro una actitud abierta y de aceptación hacia el interlocutor. _____

18. Estoy al tanto de las comunicaciones importantes en el trabajo. _____

19. Cuando se me plantea una pregunta presto toda mi atención. _____

20. Me concentro en lo que se dice, aunque sea de poco interés. _____

21. Escucho el punto de vista del otro, aunque no esté de acuerdo. _____

22. Mantengo el contacto visual con el interlocutor.

_____

23. Intento comprender el punto de vista de los que no están de acuerdo conmigo. _____

24. Puedo resumir brevemente y con precisión lo que alguien ha dicho. _____

25. Doy al otro la oportunidad de explicarse completamente antes de responder. _____

26. Observo al orador en busca de señales no verbales.

_____

27. Estoy abierto a las críticas. _____

28. Doy ánimos verbales o no verbales al interlocutor.

_____

29. Compruebo que he interpretado correctamente el mensaje. _____

30. Intento «estar con» la persona que habla poniéndome en su lugar. _____

Puntuación de la capacidad de escucha

Utiliza las siguientes tablas para determinar tu puntuación. En la columna «Número» escribe el número de preguntas a las que has respondido «siempre», «habitualmente», «ocasionalmente» y «rara vez». Luego, multiplica cada cantidad por los puntos de cada respuesta y escribe el resultado en la columna «Total». Por ejemplo, si has respondido a tres preguntas «ocasionalmente», escribe 3 en la columna «Número», luego multiplica por 3 puntos en la columna «Puntos» y escribe el resultado, 9, en la columna «Total». Cuando hayas terminado de puntuar las preguntas 1-16, suma los valores en la columna «Total».

Preguntas 1-16

Respuesta	Número	Puntos	Total
Siempre		1	
Habitualmente		2	
Ocasionalmente		3	
Rara vez		4	
		Total	

Ahora calcula tu puntuación para las preguntas 17-30. Ten en cuenta que los puntos para cada respuesta son diferentes.

Preguntas 17-30

Respuesta	Número	Puntos	Total
Siempre		4	
Habitualmente		3	
Ocasionalmente		2	
Rara vez		1	
		Total	

Cuando hayas terminado de sumar las puntuaciones de las preguntas 1-16 y 17-30 suma los dos totales y comprueba tus resultados en el siguiente cuadro:

Puntuación	Clasificación
105–120	Eres un oyente hábil. Obtén una segunda opinión para asegurarte de que tienes una percepción precisa de tu capacidad de escucha.
95–104	Escuchar es una prioridad para ti, pero podrías mejorar en esta área.
85–94	Escuchas cuando te conviene.
75–84	Eres un oyente ocasional.
Por debajo del 75	Eres muy honesto y tienes un gran potencial de mejora.

12

Una gran vida trasciende su generación

El gran peligro cuando se trata de la comunicación transgeneracional es que cada generación está segura de saber exactamente cómo es la otra. Por ejemplo, los que tenemos cierta edad estamos seguros de saber cómo sería asistir a una reunión del consejo de administración de una empresa dirigida por una persona muy joven, ¿verdad? Sabemos que todo el mundo estaría concentrado en sus *smartphones*, enviando mensajes de texto con sus opiniones, con la cabeza baja y los pulgares ocupados.

Sabemos que no nos gustaría, que sin duda preferiríamos una reunión en la que el director general al menos formalizara la reunión presentando una página con algunas menciones escritas de «las cosas que pasan en la empresa».

Pues bien, ¡sorpresa! Llevar ese único trozo de papel amarillo a la sala de juntas es exactamente la forma con la que Mark Zuckerberg, director general de Facebook, comienza sus reuniones de la junta directiva, lo mismo que hizo cuando estaba empezando.

Y eso fue cuando Zuckerberg tenía veintiséis años.

Ya está bien de ese estereotipo.

En busca de lo inesperado

Debido al envejecimiento de la población, no es raro que cualquier reunión, o familia, u oficina, comprenda varias generaciones distintas, todas existentes dentro de las mismas cuatro paredes, de las que se espera que se lleven bien. La investigación nos dice que es la comunicación que tiene lugar entre dos o más personas lo que ayuda a definir su relación.

La nuestra es una sociedad en la que los abuelos están llamados incluso a criar a los nietos, por lo que es doblemente importante que la comunicación sea clara. La comunicación es lo que permite a los miembros de la familia dar a conocer sus necesidades cambiantes y proporciona los medios por los que cada uno puede aprender a funcionar mejor como una unidad cohesionada. Tampoco va en una sola dirección. Los niños no son los únicos que deben trabajar para entenderse. Las generaciones mayores harían bien en familiarizarse con los desafíos particulares de sus nietos: las drogas, la violencia y la actividad sexual, por nombrar sólo tres.

Tom Boyle, director del Instituto de Investigación de Tecnologías de Aprendizaje del Reino Unido, acuñó el término NQ, por Network Quotient, es decir, la capacidad de establecer conexiones con los demás. Según Boyle, el NQ es más importante que el IQ cuando se necesita comunicación intergeneracional. Cada generación que convive y trabaja tiene su propia mentalidad, estilo de trabajo y formas de comunicación. Ningún equipo, ya sea familiar o laboral, es posible sin salvar esas diferencias.

Se considera que los siguientes son los grupos generacionales con los que tratamos hoy en día, ya sea en las familias, en la sociedad o en el trabajo (basado en datos del Pew Research Center, 2017):

- **Tradicionalistas o veteranos:** nacidos entre 1925 y 1944, los tradicionalistas tienen 77 años o más. Al comunicarnos con ellos construimos la confianza mediante un lenguaje inclusivo, como «nosotros» y «nos». Deberían tender a la formalidad y ser congruentes con su lenguaje corporal. Los de esta «generación silenciosa» no compartirán sus pensamientos sin tener confianza, y no les gusta que les hagan perder el tiempo. Prefieren la comunicación cara a cara o por escrito.

- *Baby boom:* nacidos entre 1945 y 1964, los *boomers* tienen una edad comprendida entre los 57 y los 76 años. Con ellos hablamos con un estilo abierto y directo, con mucho lenguaje corporal. Respondemos a las preguntas con franqueza y minuciosidad y contamos con que nos presionen para obtener detalles. No utilizamos un lenguaje controlador y manipulador, y preguntamos o damos opciones para demostrar un pensamiento flexible. Utilizamos comunicaciones cara a cara o electrónicas.

- **Generación X:** nacidos entre 1965 y 1980, los miembros de la Generación X tienen entre 40 y 56 años. Conocemos su lenguaje y lo hablamos. Somos breves, concisos para mantener su atención, les desafiamos y pedimos su opinión. Compartimos la información con ellos inmediatamente y con frecuencia, utilizando un estilo de comunicación informal, escuchando y mostrando respeto por sus opiniones. Utilizamos el correo electrónico y los mensajes de texto como principales medios de comunicación.

- *Millennials:* nacidos entre 1981 y 1996, los *millennials* tienen entre 25 y 40 años. Dejamos que las palabras pinten imágenes visuales para inspirarlos, motivarlos y mantenerlos centrados. Utilizamos verbos de acción para estimularlos y nunca somos condescendientes, mostrando respeto a través de nuestro lenguaje. Buscamos constantemente su opinión, utilizando el humor, animándolos a pensar de forma diferente y retándolos a explorar nuevos caminos u opciones. Utilizamos el correo electrónico, los mensajes de texto, la mensajería instantánea, el buzón de voz y las videoconferencias como principales herramientas de comunicación.

- **Posmillennials:** nacidos después de 1996, los *posmillennials* (Generación Z y posteriores) tienen hasta 24 años. Son hábiles en la multitarea y totalmente digitales, y esperan una comunicación instantánea y una información a la carta. Suelen responder mejor a la comunicación visual y concisa (en comparación con el texto). Esperan autenticidad y, por lo general, son abiertos y honestos consigo mismos.

Las diferencias saludables promueven el crecimiento

El sistema Dale Carnegie ofrece ideas para ayudarnos a honrar, apreciar e identificarnos con las diferentes generaciones. A medida que aprendemos a conectar y a comunicarnos de forma más eficaz entre nosotros, las diferencias pueden considerarse saludables en lugar de perjudiciales, lo que ofrece interesantes oportunidades para colaborar en soluciones innovadoras.

El éxito de las relaciones transgeneracionales es más probable cuando cada una de ellas adopta las siguientes sugerencias:

- Interesarse por las diferencias generacionales. No descartarlas de entrada.
- Conocer a nuestra propia generación. Las características diferentes a las nuestras pueden sorprendernos.
- Ciertamente, tomar conciencia de ellos nos abrirá los ojos y mejorará nuestra actitud.

- Conocer a otras generaciones y sus características, como mínimo a nivel general.
- Evitar guardar rencores de enfrentamientos con otras generaciones.
- Alimentar los sentimientos positivos hacia las distintas generaciones. En otras palabras, no alimentar lo negativo, y cuando notemos que surgen sentimientos positivos, fomentarlos.
- Centrar la atención en nuestros pensamientos, sentimientos y comportamientos, y mantener la atención en lugar de reaccionar de forma instintiva e inconsciente.
- Reconocer cómo nuestras percepciones afectan a todos nuestros encuentros. Visto así, la percepción lo es todo.
- Ser conscientes del impacto que nuestras palabras y nuestros comportamientos tienen en otras generaciones.

Es un contrato de larga duración

Ciertas actitudes, principios y conceptos positivos deben llevarse a cabo de forma constante para garantizar el éxito y la eficacia en el trato con personas que son diferentes a nosotros. Muy pocas cosas se integran lo suficiente como para convertirse en nuevos comportamientos a la primera.

En los siguientes apartados se presentan algunas orientaciones valiosas para facilitar un entendimiento intergeneracional eficaz.

Si eres un veterano (1925-1944)

Y hablas con otros veteranos, trabajas bien en una estructura en la que cada uno conoce su situación. Debéis proporcionaros ideas los unos a los otros para manteneros al día y utilizar las habilidades sociales para llevaros bien.

Al hablar con los *boomers*, eres cálido y amable. Haces preguntas y evitas decirles lo que tienen que hacer. Debes dejar que te cuenten cómo les va y luego pedirles permiso para hacer sugerencias de mejora.

Hablando con los de la Generación X, reconoces que la independencia es lógica para ellos. Les das el resultado final necesario y les haces responsables. Hay que dejarles libertad para que lo completen a su manera.

Al hablar con los *millennials* y *posmillennials*, date cuenta de que ésta es la generación que más se parece a la tuya, con un sentido del deber cívico, de la moralidad y del optimismo. Puedes aprender de sus impresionantes habilidades tecnológicas y trabajar juntos para conseguir cosas.

Si eres un *boomer* (1945-1964)

Y te diriges a veteranos, valora sus conocimientos, su sabiduría y su experiencia. Reconoce que su necesidad de horarios y responsabilidades estructurados demuestra lealtad y compromiso.

Cuando trabajas junto a otros *boomers* colaboráis bien como equipo, respetando las opiniones y necesidades de los demás, centrándoos en el resultado deseado. Defiendes cómodamente tus creencias.

Al hablar con los miembros de la Generación X, aprovecha su capacidad de adaptación rápida e independiente. Busca formas de ayudarlos a desarrollar las habilidades sociales que necesitan para crecer y tener más éxito.

Cuando trabajes con *millennials* y *posmillennials*, date cuenta de que trabajan bien en equipo, igual que tú. Pon en práctica las habilidades sociales que se te dan bien, así como el valor de estar centrado en los demás. Siéntete más cómodo con los modos digitales de comunicación, como los mensajes de texto, los mensajes instantáneos, el videochat y las aplicaciones de videoconferencia. Sé auténtico y abierto.

Si eres de la Generación X (1965-1981)

Y trabajas con veteranos, ten paciencia con su curva de aprendizaje en lo que respecta a la tecnología y ofréceles ayuda. Muéstrales apoyo y respeto, sobre todo si debes asignarles tareas.

Cuando trabajes con *boomers*, anímalos a leer y a aprender más sobre tecnología, si ese es tu papel en sus vidas. Reconoce y aprecia su fuerte ética profesional y su deseo de independencia. Trabajar muchas horas es a menudo su forma de contribuir al éxito del equipo.

Cuando te comuniques con otros miembros de la Generación X, sé claro y directo. Ambos valoráis la necesidad de libertad e independencia. Podéis utilizar vuestras habilidades sociales para evitar malentendidos.

Cuando trabajes junto a *millennials* y *posmillennials*, respeta las habilidades tecnológicas de estos trabajadores más jóvenes, utilizándolas a tu favor. Aprovecha vuestra necesidad común de divertiros y llevar una vida equilibrada.

Si eres *millennial* o *posmillennial* (1980-actualidad)

Si hablas con veteranos, date cuenta de que tenéis una actitud y un punto de vista similares. Respeta su experiencia y aprende los procesos y los procedimientos en los que son expertos. Respeta y aprovecha su capacidad de estructuración y organización.

Cuando trabajes con *boomers*, aprende de su sentido del trabajo en equipo y de su capacidad para la toma de decisiones colectiva y la comunicación interpersonal. Ayúdales a sentirse más cómodos con la tecnología en un ambiente motivador.

Cuando trabajes con la Generación X, aprende de su sentido práctico y utiliza su sentido de la autosuficiencia como factor de equilibrio y complemento de la dinámica de grupo.

Cuando trates con otros *millennials* y *posmillennials*, trabaja en equipo y entiende cómo poner en común los recursos para desarrollar las tareas. Harás bien en buscar mentores que impulsen tu crecimiento en nuevas direcciones.

Romper el hielo con suavidad

Si cada generación hace un esfuerzo es menos probable que las diferencias de opinión se atribuyan automáticamente a las diferencias de edad de las personas implicadas. Pero las habilidades comunicativas no surgen de la noche a la mañana, y hay que darles tiempo para que se desarrollen. Los expertos recomiendan empezar con un tema seguro, utilizando una herramienta de conversación conocida como «rompehielos», y construir un diálogo a partir de ahí hasta que se encuentren similitudes y se logre la compenetración. A partir de ahí será más natural implicarse en la vida del otro.

Cuando se trata de compartir la vida de los demás y de intentar comunicarse a través de las brechas generacionales, el visionado de películas no suele generar un debate que invite a la reflexión. Pero si la película es elegida por un miembro de una generación que busca comprender mejor a otra puede servir de foro para preguntas, respuestas e interpretaciones. Cuando un abuelo y un nieto ven juntos *Forrest Gump* o *Chicas malas*, por ejemplo, no cabe duda de que ambas partes se harán preguntas.

El medio lo dice todo

La evolución de los medios de comunicación a lo largo de los años parece favorecer las lagunas de comunicación. Los veteranos (tradicionalistas) crecieron escuchando la radio, lo que los animó a utilizar su imaginación. Las familias escuchaban la radio juntas y hablaban de lo que escuchaban.

Los *boomers* crecieron viendo la televisión, donde las pistas verbales y no verbales les ayudaban a interpretar las líneas argumentales.

Los miembros de la Generación X crecieron utilizando Internet, centrándose exclusivamente en la palabra escrita y funcionando en gran medida de forma solitaria, a pesar de la ilusión de las «comunidades» virtuales, en algunos casos.

Los *millennials* y *posmillennials* crecieron con las redes, con información accesible en cualquier momento y lugar, y sin necesidad de interacción humana.

El resultado: cuatro estilos de comunicación distintos, cada uno de los cuales está firmemente convencido de que los otros tres lo entienden perfectamente. Sin embargo, un elemento en el que cada uno de ellos puede estar de acuerdo es la necesidad de ofrecer y recibir aprecio, elogios y reconocimiento sinceros. La fórmula de Dale Carnegie para tener éxito con esto, ya sea elogiando los éxitos de los demás, los rasgos de su carácter y sus virtudes, sugiere lo siguiente: «*Elogia* a los demás con detalles sobre lo que *admiras* de ellos».

A continuación, explica por qué has dicho lo que has dicho. ¿Qué pruebas tienes para respaldar el elogio que has compartido? Esto da credibilidad a tu apreciación y la distingue de la adulación. «La razón por la que digo esto es...» Y tal vez entonces, hazles una pregunta para que hablen.

13

Encontrar una gran satisfacción al contratar o ser contratado

Si se crea un entorno en el que la gente participe de verdad, no es necesario el control. Saben lo que hay que hacer y lo hacen.

HERB KELLEHER, cofundador de Southwest Airlines

Si estamos contratando, haríamos bien en contratar empleados comprometidos, y si somos nosotros los contratados, haríamos bien en estar comprometidos nosotros mismos. Los empleados comprometidos presentan los siguientes rasgos:

- Muestran actitudes positivas y desprenden energía positiva.
- Tienen una gran integridad.
- Están orgullosos de su trabajo.
- Demuestran compromiso y hacen un esfuerzo adicional.
- Están dispuestos a aceptar la responsabilidad.
- Tienen confianza en sí mismos y son enérgicos.
- Son emprendedores, autónomos y autodisciplinados, y muestran iniciativa.
- Se sienten intelectualmente conectados y personalmente satisfechos.

- Son creativos, imaginativos e innovadores.
- Les gusta trabajar en equipo y apoyan a los demás.
- Muestran interés y se implican.
- Hablan bien de la organización.

Reglas de compromiso en el trabajo de Dale Carnegie

Dale Carnegie describe las siguientes reglas de compromiso en el lugar de trabajo, que se aplican tanto a los empresarios como a los empleados:

- **Haz lo que predicas.** Muéstrate entusiasta y totalmente comprometido con tu empresa, tu trabajo y tus empleados. Conoce a tu personal y a tus colegas, e interésate por ellos como individuos. Descubre qué les motiva, qué quieren conseguir y por qué es importante para ellos.
- **Gánate la confianza, el respeto y la credibilidad.** Lo hacemos cumpliendo las promesas, guardando las confidencias y los compromisos, y actuando de forma coherente, justa, racional, honesta y ética. Sé auténtico y accesible.
- **Si vas a contratar a alguien, destina a la persona correcta al puesto de trabajo adecuado.** Al conocer los puntos fuertes y los estilos de trabajo de tus empleados podrás aprovechar al máximo sus talentos y habilidades individuales y únicas.
- **Aprovecha los puntos fuertes.** Aprovecha los puntos fuertes de una persona en lugar de centrarte en los puntos débiles. Sin ignorar las oportunidades de mejora del rendimiento, concentra más energía en lo que se está haciendo bien. Aborda a cada empleado como un individuo con una contribución distintiva y única. Demuestra tu confianza delegando, dando poder y luego dejando hacer.

- **Inculca en tus empleados un sentido de propósito.** Implícales en los proyectos de la forma más completa posible, comunicándoles el objetivo general. Asegúrate de que entienden cómo contribuye el departamento al éxito de la empresa y cómo sus funciones individuales influyen en el resultado. Todos deben saber que sus esfuerzos marcan la diferencia.
- **Establece expectativas claras y realistas, y define los resultados esperados.** Mantén líneas de comunicación abiertas y ponte al día con los empleados de forma regular. Mantén a tu personal constantemente informado sobre el progreso y el estado de los proyectos. Pide a tus empleados que te informen de cómo van los proyectos y qué puedes hacer para facilitarles el trabajo.
- **Pregunta, no ordenes.** Crea la aceptación de los empleados colaborando con ellos en los proyectos, las políticas del departamento, las normas básicas, etc. Fomenta la creatividad, la innovación y la participación en la toma de decisiones del personal. Pon en práctica sus ideas para demostrar que valoras sus opiniones y confías en su experiencia.
- **Aprende a escuchar con empatía.** Cuando escuches, hazlo con los oídos, los ojos y el corazón. Escucha sin juzgar para entender y conectar con tus empleados.
- **Demuestra fuerza y sensibilidad.** Comunícate con diplomacia y tacto, y aprende a negociar y a comprometerte.
- **Equipa, no restrinjas.** Descubre lo que tus empleados necesitan aprender para mejorar, crecer y tener éxito. Asegúrate de que disponen del tiempo y los recursos que necesitan para actuar con eficacia y alcanzar sus objetivos. Prepáralos para el éxito, no para el fracaso.
- **Fomenta un entorno de respeto en el que se valore el trabajo sobresaliente.** Ofrece un *feedback* coherente y frecuente

a los empleados, y reconoce y recompensa los esfuerzos y los logros de manera que sean significativos para cada persona.

- **Proporciona un estímulo constante y sincero, y oportunidades de crecimiento y desarrollo.** Ofrece oportunidades de asesoramiento, entrenamiento y formación. Recompensa los esfuerzos, no sólo los resultados.
- **Honra la diversidad.** Promueve debates sanos, desacuerdos y diferencias de opinión.
- **Promueve y apoya la creación de relaciones entre tu personal para desarrollar un entorno de equipo compatible y cooperativo.** Anima a los empleados a conocerse mejor. Crea oportunidades de comunicación en las reuniones, *teambuilding*, almuerzos de grupo y actividades fuera de horario. Ofrece mentores, *coaches* o alguien que pueda ayudarlos a seguir comprometidos cuando surjan desafíos.
- **Fomenta la individualidad en el espacio y el entorno de la oficina.** Permite que los empleados hagan suyo su espacio con fotos, colores, plantas, artículos inspiradores, trofeos, etc.

Jugadores A, B y C

Clasificar a los empleados como jugadores A, B y C suele ser útil tanto si evaluamos a los candidatos a un empleo como si determinamos nuestro propio valor como empleadores potenciales.

Jugadores A

- Los jugadores A son ambiciosos, tienen ganas de ascender y dan prioridad a su carrera.
- Los jugadores A son carismáticos, tienen una alta autoestima y sembrarán cizaña cuando sea necesario.

- Los jugadores A tienden a perderse en la política interna de una organización.
- Los jugadores A tienen mucha energía, van por la vía rápida y son los que más exigen a la dirección.

Jugadores B

- Los jugadores B son personas capaces y constantes que dan gran importancia al equilibrio entre el trabajo y la vida fuera de él.
- Los jugadores B llevan a cabo un buen trabajo de forma constante y son fiables y seguros. Son autosuficientes.
- Los jugadores B ignoran los chismes y la política y se limitan a trabajar. Son una fuente de continuidad.
- Los jugadores B se conforman con poco, son vistos como «personas con los pies en la tierra» y a menudo son las personas a las que se recurre porque tienen longevidad en una organización y han pasado por todos los cambios y las reestructuraciones.

Jugadores C

- Los jugadores C operan en piloto automático, trabajando sólo lo que requiere su posición.
- Los jugadores C no se esfuerzan por mejorar.
- Los jugadores C no son muy proactivos.
- Los jugadores C harán lo que se les pida y nada más.

Considera qué tipos de tareas o trabajos podríamos asignar a cada tipo de jugador. ¿De qué tipo somos? ¿Con quién preferiríamos trabajar? El jugador A desafía, el B aporta seguridad, el C proporciona estructura.

Cómo motivar a las diferentes personalidades del lugar de trabajo

Para sacar el máximo provecho de los trabajadores y permitirles alcanzar todo su potencial hay que tener en cuenta lo que los motiva. Lo que más motiva a cada persona varía, pero a menudo los empleados pueden clasificarse por lo que más valoran:

- **Materialistas:** estos empleados suelen ser todo trabajo y nada de diversión. Suelen vivir para trabajar y se dejan llevar por el cargo, la autoridad, los logros y la compensación. *Motívalos con primas, ascensos, incentivos profesionales, etc.*

- **Orientado al crecimiento:** a estos empleados les suele motivar aprender cosas nuevas, asumir retos y nuevos proyectos, participar en lluvias de ideas, innovar y crear. *Motívalos con oportunidades de formación y busca talleres, conferencias y seminarios a los que puedan asistir.*

- **Social:** a estas personas las suele motivar colaborar y socializar con los demás y trabajar en equipo. *Motiva a estas personas con premios, fotos, placas y reconocimiento público por su papel en sus equipos.*

- **Equilibrista vida-trabajo:** estas personas suelen estar motivadas por la libertad de dedicarse a sus aficiones personales, así como sus objetivos profesionales. Es probable que trabajen para vivir, no que vivan para trabajar. *Motívalos con incentivos personales como tiempo libre, cheques regalo para eventos o restaurantes, etc.*

¿Crees que el dinero es el único factor de motivación en el trabajo? Piénsalo de nuevo.

¿Qué es lo que mueve a los empleados? Algunas de las conclusiones de Dale Carnegie sobre este tema son sorprendentes y esclarecedoras. Parece que los aumentos de sueldo no son los únicos motivadores, ni mucho menos.

La calidad de vida y un futuro prometedor son grandes motivadores a la hora de conservar el empleo. Algunas de estas conclusiones podrían darnos ideas sobre nuestras propias ventajas laborales, unas que nunca pensamos en buscar o solicitar a nuestros superiores.

Una relación positiva con el jefe

La Organización para el Desarrollo de los Recursos Humanos informa de que, en una encuesta de Gallup hecha a 400 empresas, la relación de un empleado con su jefe directo es más responsable de la retención que el salario o las ventajas del puesto. Un liderazgo justo e inspirador, que incluya el entrenamiento y la tutoría, es lo que retiene a los empleados. Otra encuesta de Gallup reveló que un indicador clave de la satisfacción y la productividad de los empleados es la creencia de que el jefe se preocupa por ellos y puede confiar en ellos.

La razón número uno por la que la gente abandona una organización no es el salario o los beneficios inadecuados. Es la relación diaria con su superior inmediato.

JOHN PUTZIER, escritor de libros de empresa

Reconocimiento y agradecimiento

Algunas personas se sienten más motivadas por otras formas de incentivos que por el dinero. En un estudio elaborado por Employee Retention Headquarters, el aprecio y la participación se citan más que el dinero cuando se trata de lo que mantiene a los empleados felices. Necesitan que se les convenza, verbalmente y no verbalmente, de que la dirección respeta su posición y de que son importantes para el éxito de su organización. Les gusta celebrar los hitos y las victorias, en público y en privado, verbalmente y por escrito, y con prontitud y sinceridad.

Trabajo estimulante y satisfactorio

Un boletín de la Sociedad Americana de Formación y Desarrollo sugiere que, para la mayoría de los trabajadores de hoy en día, un trabajo estimulante y valioso es más importante que el salario y la promoción. Es difícil ponerle precio al entusiasmo y la ilusión por un trabajo. Los directivos que fomentan la participación de los empleados y los incluyen desde el principio en los proyectos obtienen ideas más creativas y fomentan una mayor inversión de los trabajadores y su orgullo en el resultado. Los empleados que participan activamente en la toma de decisiones sobre un amplio abanico de cuestiones contribuyen a crear un entorno que les gusta y en el que quieren permanecer.

Una trayectoria profesional clara y oportunidades de crecimiento

Al ofrecer oportunidades de crecimiento, tanto personal como profesionalmente, es menos probable que los empleados busquen otro lugar. Brindar oportunidades de formación con respecto al desarrollo de nuevas habilidades y de la carrera profesional es una indicación de que un directivo está dispuesto a invertir en favor del empleado, y esto es clave para la retención de los trabajadores. Animarlos a unirse a organizaciones profesionales pagando sus cuotas de afiliación y dándoles el tiempo libre y las entradas necesarias para asistir a almuerzos y conferencias genera una gran motivación. Las empresas que tienen un alto índice de retención tienen la reputación de contratar desde dentro, puesto que una trayectoria profesional acordada conjuntamente (no necesariamente «hacia arriba» en la jerarquía) conseguirá el compromiso de los empleados y la aceptación de los objetivos y la dirección de la organización.

Directivos que respetan una vida equilibrada

Las organizaciones que practican el concepto de vida equilibrada tienen una mayor retención que las que creen que el empleado debe «comer, respirar y dormir el trabajo». En este sentido, reconocer y respetar la importancia de la vida familiar y personal evita el agotamiento y fomenta la lealtad. Según la Organización de Desarrollo de Recursos Humanos, los empresarios deben ser conscientes de los problemas de calidad de la vida laboral y personal y deben estar dispuestos a ofrecer horarios flexibles y ser sensibles a los retos de las parejas trabajadoras, el cuidado de los hijos y el de los padres.

Remuneración y prestaciones competitivas

El dinero es importante, pero lo es menos de lo que pensamos, y los empleados esperan que se les pague de forma justa y competitiva. Se sienten con derecho a las prestaciones estándar del seguro médico y a los planes de jubilación. En una encuesta elaborada en empresas del sector alimentario, el 92 % de los encuestados indicó que un aumento salarial de 10.000 dólares anuales no les haría cambiar de empresa si recibieran asesoramiento en materia de desarrollo personal y profesional.

El deseo de un trabajador de llevar a cabo un buen trabajo no tiene precio, y es uno de los componentes fundamentales de una empresa de éxito. La firme voluntad de una empresa de valorar y apreciar dará sus frutos al crear un lugar de trabajo optimista, una mejor comunicación bidireccional, una mayor productividad, un mejor servicio al cliente y una mayor lealtad y, en última instancia, un negocio floreciente.

NOELLE NELSON, escritora y experta en recursos humanos.

14

Para una gran vida, ¡delega!

*La mayor causa de fracaso de los directivos es su
incapacidad para delegar.*

J. C. PENNEY

Tanto si se trata del liderazgo de una tropa de *scouts* como de un
comité corporativo importante o de la organización de un mercadi-
llo en la iglesia, delegar es la respuesta al agotamiento y una receta
para el progreso. La delegación no sólo nos ayuda a nosotros, sino
que desarrolla y capacita a los demás. Sin embargo, es importante
hacer un seguimiento y comunicar normas de rendimiento claras
cuando se delega.

Decidir cuándo delegar y cuándo no

He aquí algunas preguntas que hay que responder para saber si
hay que delegar o no:

- ¿Te llevas el trabajo a casa?
- ¿Aún te ocupas de tareas que tenías antes de tu último as-
  censo?
- ¿Te interrumpen pidiendo consejo e información de forma
  habitual?

- ¿Te ocupas de detalles que otros podrían manejar?
- ¿Notas que tienes demasiados proyectos entre manos?
- ¿Trabajas más horas que los demás?
- ¿Pasas el tiempo desarrollando tareas para otros que podrían hacer ellos mismos?
- ¿Encuentras tu bandeja de entrada llena cuando vuelves después de unos días?
- ¿Te has visto involucrado en proyectos que creías haber dejado en manos de otra persona?

Si has respondido «sí» a más de un par de estas preguntas te vendrá bien mejorar tu capacidad y disposición para delegar trabajo.

Las claves de la productividad

La formación de Dale Carnegie señala que hay seis formas de afrontar la sobrecarga de trabajo:

- **Desechar:** tira todo lo que sea una total pérdida de tiempo, como el *spam* o el correo basura que recibas.
- **Descartar:** descartar todo lo que no sea importante.
- **Hacer:** afronta cualquier tarea que se cruce en tu mesa o en tu camino.
- **Distribuir:** si trabajas en equipo, distribuye la carga de trabajo entre sus miembros.
- **Delegar:** asignar tareas a otras personas cualificadas para llevarlas a cabo.
- **Autorizar:** dar a alguien la autoridad para actuar en tu nombre en ciertas áreas en las que te sientes cómodo cediendo algo de control.

Algunas de estas claves de productividad son mejores que otras. Por ejemplo, desechar y descartar son formas estupendas de evitar la pérdida de tiempo, pero corren el riesgo de que algo «se pierda». Hacer y distribuir garantizan que las tareas se completen, pero son relativamente improductivas, porque suelen requerir la mayor parte del tiempo y la atención. Delegar y autorizar son las que más aumentan la productividad, pero incrementan el riesgo de que una tarea no se lleve a cabo correctamente, o al menos no a la altura de tus exigencias.

No delegues ni autorices a la ligera

Para delegar o autorizar con mayor eficacia sigue los siguientes pasos:

1. **Identifica a la persona u oportunidad adecuada.** ¿Qué proyecto o tarea podría delegar en alguien de mi equipo? ¿Cómo se puede delegar el trabajo de forma que se impulse el desarrollo de los empleados de forma más eficaz? ¿Quién está preparado y dispuesto a crecer asumiendo mayores responsabilidades?
2. **Reúnete con la persona adecuada para el trabajo.** Haz un encuentro con la persona que está preparada para asumir esta oportunidad/responsabilidad y, juntos, revisad los requisitos.
3. **Vende la necesidad u oportunidad.** En la reunión, vende los beneficios de aceptar la delegación, e intenta proponerlo como una oportunidad en la que todos ganan. Si no hay beneficios para esa persona es probable que estés haciendo *dumping*, y no delegando. Debes estar atento a la carga de trabajo existente de la persona y preparado para *ayudarla* a delegar parte de su trabajo en otra persona, si es posible.

4. **Revisa el plan con la persona.** Crea un plan de acción. Una vez aceptada la tarea asignada, dale tiempo a la persona para que piense en los resultados y en cómo los va a conseguir. Trabajad juntos en un plan de acción que describa lo que hay que hacer y cómo, o guía a la persona para que cree dicho plan.

5. **Entrenar e instruye.** Muéstrale a tu delegado cómo hacer las cosas que le resulten desconocidas. Acompáñale en el proceso la primera vez para asegurarte de que las cosas se hacen bien. Puede que la primera tarea le lleve un poco más de tiempo, pero cuando haya empezado a liberarse de este trabajo, tarea o proyecto tendrá más tiempo para invertir en otras cosas.

6. **Libera y deja hacer.** Asegúrate de que la otra persona está capacitada para hacer el trabajo. Cuando llegue el momento, deja que la tarea se lleve a cabo al nivel que ambos consideréis adecuado para lograr los resultados. Resiste el impulso de controlar excesivamente; por otro lado, no renuncies a todo el control. Encuentra un equilibrio que funcione para ambos y que permita al otro hacer las cosas a su manera pero con un grado de medición y responsabilidad incorporado.

7. **Recompensa y celebra los éxitos.** Reconoce los pequeños y grandes avances en la dirección correcta y de forma proporcional. Elogia de manera informal en forma de palmaditas en la espalda, así como formalmente de la manera apropiada.

No has delegado con éxito si...

Algunas personas sólo pretenden delegar o autorizar. Para determinar si has delegado con éxito una tarea o has autorizado a alguien para que actúe en tu nombre, haz las comprobaciones de las siguientes secciones. No has delegado con éxito si lo «recompras» o «lo dejas en el limbo».

Recompra

La nueva responsabilidad viene de la mano de la delegación, y junto con ella viene la tentación de «recomprar» el encargo o dejarlo en el limbo. Es el lenguaje que utilizamos el que nos dará pistas sobre si la delegación es completa.

Lo estamos recomprando si decimos:

- Déjame pensar en...
- Te avisaré cuando...
- Déjalo aquí, yo...
- Lo comprobaré con...
- Voy a hacer un borrador de...
- Cuando termine...

Con este tipo de expresiones se niega la delegación. La responsabilidad sigue siendo tuya, independientemente de lo que se haya dicho. No habrá progreso hasta que rectifiques.

Lo dejas «en el limbo»

Frases como las siguientes sugieren que una persona sólo ha delegado una tarea de forma tentativa:

- Envíame un memorándum y...
- ¿Por qué no lo compruebas con...
- Redacta una propuesta y...
- Nos vemos luego sobre...
- Hazme saber si puedo ayudar...
- Tendremos que hacer algo...

Has delegado con éxito si...

Sabrás que has delegado con éxito si dices algo parecido a las siguientes frases:

- Sé que puedes hacer...
- Cuento con que...
- Te lo he dado porque...
- ¿Qué vas a hacer...
- ¿Cuál es tu plan para...
- Sé que lo harás...

Con frases como estas está claro que la responsabilidad se ha desplazado. La delegación es completa y el progreso es mucho más probable.

15

Tratar con personas difíciles puede tener grandes resultados

Para ser agradable, todo lo que se necesita es interesarse
por otras personas y por otras cosas, reconocer que otras
personas, por regla general, son muy parecidas a uno
mismo, y admitir, con agradecimiento, que la diversidad
es una característica gloriosa de la vida.

Frank Swinnerton

Muchos de nosotros tratamos de evitar a las personas difíciles, porque enfrentarse a esa persona o a la situación puede ser extenuante y emocionalmente agotador. Sin embargo, evitarlas puede tener un resultado peor y puede llevar a conflictos no resueltos y a una mala comunicación, que hacen perder enormes cantidades de tiempo y energía, minan nuestra motivación y afectan a nuestra productividad y paz.

La base de la formación Dale Carnegie es la creencia de que, en cualquier situación o relación, lo único que podemos controlar es a nosotros mismos. Es importante reconocer que nuestras percepciones, prejuicios, actitudes, comportamientos, sentimientos y estilo de comunicación pueden ayudar o dificultar el progreso hacia el resultado deseado.

Una lista de cosas bajo nuestro control

Puede ser una buena idea repasar la lista de acciones que Dale Carnegie sugiere que llevemos a cabo cuando tratamos de manejar a las personas difíciles, generar cooperación y reducir los conflictos. Podemos clasificarlas del uno al diez, siendo el uno lo que mejor hacemos y el diez la acción que tiene más posibilidades de mejora.

- Dar a los demás el beneficio de la duda.
- Conocer nuestros «temas candentes».
- Evitar ponerse a la defensiva o tomarse las cosas como algo personal.
- Escuchar para comprender y sintonizar con el lenguaje corporal.
- Mantener una actitud positiva.
- Intentar ver las cosas desde el punto de vista de la otra persona.
- Negociar y llegar a un acuerdo cuando sea necesario.
- Evitar dar cosas por sentado.
- Aprender a dar y aceptar comentarios constructivos.
- Identificar la mayor oportunidad de mejora en esta situación.

La barrera más inmutable de la naturaleza está entre los pensamientos de un hombre y los de otro.

WILLIAM JAMES

Cómo tratar con diferentes tipos de personas difíciles

A menos que sean de la familia, a menudo podemos evitar a las personas más difíciles de nuestra vida... excepto en el trabajo.

Aunque no se pueden evitar cuando están en el cubículo de al lado, sí se les puede hacer frente. He aquí algunos tipos de personas difíciles y lo que se puede esperar de ellas:

- **Los detractores** son habitualmente negativos y tienen una visión pesimista del mundo. También se les conoce como gruñones, y pueden mostrarse enfadados, arrogantes, deprimidos y frustrados. Pueden criticar a los demás y quejarse a menudo. Los detractores hacen comentarios como «Eso nunca funcionará», «Tienes que estar de broma» o «¿Quieres apostar?».

- **Los inmovilistas,** también conocidos como matones, se resisten al cambio, ya sea explícitamente, siendo combativos, o implícitamente, de forma pasivo-agresiva. Puede parecer que están de acuerdo con el cambio, pero luego sabotean su aplicación. Dicen: «Ya lo hemos intentado» o, en una situación laboral, «La dirección no sabe lo que es».

- **Los trabajadores de nueve a cinco** sólo trabajan durante su turno, ni más ni menos. Les falta tiempo para decir que algo no es su trabajo. Hacen lo mínimo para salir adelante y cobrar el sueldo. Dicen: «Ese no es mi trabajo», «No tengo tiempo para hacer eso» o «Es hora de irse a casa».

- **Los chismosos** disfrutan metiéndose en los asuntos de todo el mundo y creando distracciones mediante la difusión de rumores. Su mezquindad puede ser una señal de que se sienten solos, y el trabajo es una de sus únicas fuentes de interacción.

- **Los traidores** dicen una cosa a la cara y otra a la espalda. Suelen ser inseguros y necesitan menospreciar a los demás para sentirse mejor con ellos mismos. También suelen carecer de valor: en lugar de enfrentarse a alguien, hablan a sus espaldas.

- **Los violinistas** tienen una actitud general de «ay de mí». Puede que se queden hasta tarde o que hagan trabajo extra, pero luego se quejan de la carga laboral. Se quejan constantemente de lo ocupados que están y de cómo otras cosas tienen prioridad por encima de aquello en lo que necesitamos que se concentren. Pueden decir: «A mí me tocan todos los trabajos difíciles», «Anoche estuve aquí hasta las nueve tratando de arreglar este lío» o «No sé cuándo podré hacerlo; tengo tres proyectos en marcha».

- **Los culpables** se apresuran a señalar con el dedo a cualquiera que no sea ellos mismos cuando se cometen errores, y siempre tienen una respuesta para explicar por qué no son responsables. También pueden ser expertos en inventar excusas y dejar las cosas para más tarde. Pueden decir: «Esos números me los dio otra persona» o «Me dijeron que no era una prioridad».

Doce consejos para negociar y llegar a acuerdos con personas difíciles

Negociar es el proceso de intentar acordar una solución, y llegar a un compromiso o a una solución mutuamente aceptable es el resultado de una negociación exitosa. El compromiso consiste en ser flexible y ser capaz de generar soluciones alternativas cuando nos hemos «topado con un muro». Tanto si se trata de una persona con la que no nos llevamos bien como de una idea que sabemos que funcionará pero que los demás se resisten a adoptar, de un cambio de sistemas en el trabajo o en casa, o de una guerra territorial a la que hay que poner fin, aprender a negociar y transigir es esencial para nuestro éxito.

Éstas son las sugerencias de Dale Carnegie:

- **Ten una actitud positiva.** Nuestra actitud es esencial para el resultado. Tenemos muchas más posibilidades de lograr resultados mutuamente beneficiosos si enfocamos la negociación como una oportunidad para avanzar de alguna manera o para mejorar una situación o condición de forma significativa.

- **Reúnete en un terreno neutral.** Encuentra un espacio físico mutuamente aceptable y conveniente para celebrar la reunión que sea cómodo para todos los implicados. Acuerda cuándo reunirse y cuánto tiempo se puede dedicar al proceso. Siempre que sea posible, aborda las negociaciones cara a cara y ten cuidado con el uso del teléfono y el correo electrónico, ya que la ausencia de expresiones faciales, de entonación vocal y de otras señales puede dar lugar a una ruptura de la negociación.

- **Define claramente el tema y llega a un acuerdo al respecto.** Acuerda una definición del problema utilizando términos sencillos y fácticos. Si la situación es multifacética, busca la manera de dividir el problema en partes más pequeñas y lidia con cada tema, uno detrás de otro.

- **Haz los deberes.** Dedica tiempo a la planificación. No sólo debemos saber lo que está en juego para nosotros, sino que debemos conocer las preocupaciones y las motivaciones de la otra parte y tener en cuenta cualquier historia o situación pasada que pueda afectar a las negociaciones. Es necesario conocer los imprescindibles (elementos no negociables) y lo que estaría bien tener (elementos negociables) y determinar lo que constituiría la mejor resolución, un acuerdo justo y razonable y un acuerdo de mínimos aceptable.

- **Haz un inventario honesto sobre ti mismo.** Debemos determinar nuestro nivel de confianza en la otra persona y en el proceso y ser conscientes de los aspectos de nuestra personalidad que pueden ayudar o dificultar el proceso.

- **Busca intereses compartidos.** Ponte en el lado del otro, buscando y estableciendo similitudes. Dado que el conflicto tiende a magnificar las diferencias percibidas y a minimizar las similitudes, busca metas, objetivos o incluso quejas comunes que puedan ilustrar que estamos juntos en esto.

- **Céntrate en el futuro.** Habla de lo que hay que hacer y aborda el problema conjuntamente.

- **Trata los hechos, no las emociones.** Aborda los problemas, no las personalidades. Evita cualquier tendencia a atacar a la otra persona o a juzgar sus ideas y opiniones, así como centrarte en el pasado o culpar a la otra persona. Mantén un estado de ánimo racional y orientado a los objetivos, ya que esto despersonalizará el conflicto, separará los problemas de las personas implicadas y reducirá la posibilidad de que cualquiera de ellas se ponga a la defensiva.

- **Sé sincero.** No te andes con juegos y sé honesto y claro sobre lo que es importante. Es igual de importante ser claro y comunicar por qué nuestras metas, asuntos y objetivos significan tanto para nosotros.

- **Presenta alternativas y aporta pruebas.** Crea opciones y alternativas que demuestren la voluntad de ceder. Considera la posibilidad de ceder en áreas que pueden tener un gran valor para la otra persona pero que no son tan importantes para nosotros. Enmarca las opciones en términos de los intereses de la otra persona y aporta pruebas de nuestro punto de vista.

- **Sé un comunicador experto.** Nada demuestra más la determinación de encontrar una solución mutuamente satisfactoria al conflicto que aplicar unas habilidades de comunicación excelentes. Debemos hacer preguntas, escuchar, reformular lo que hemos oído para comprobar que lo hemos entendido y mostrar un interés genuino por las preocupaciones de la otra parte. Reducir la tensión mediante el humor, dejar que los demás se «desahoguen» y reconocer otros puntos de vista. Centrarnos menos en nuestra posición y más en las formas en que podemos avanzar hacia una resolución o compromiso.

- **Termina con una nota positiva.** Haz una propuesta en la que todos salgan ganando y asegúrate de que todos los implicados salgan de la situación con la sensación de haber «ganado». Acuerda los pasos de acción, quién es responsable de cada paso, cómo se medirá el éxito y cómo y cuándo se evaluará la decisión. Debes estar abierto a llegar a un punto muerto en cuestiones no críticas: acepta las diferencias.

- **Disfruta del proceso.** Observa los beneficios de conocer los puntos de vista de los demás. La gente afirma que, tras superar el conflicto y llegar a un acuerdo, las relaciones entre los participantes se profundizan. Reflexiona y aprende de cada negociación. Determina los criterios para evaluar el proceso y la solución.

Otras sugerencias de Dale Carnegie para tratar con personas difíciles son:

- Muestra una preocupación o interés genuino.
- Respeta la intimidad de las personas.
- Haz preguntas.
- Recuerda que las perspectivas de las personas están influidas por sus experiencias vitales.
- Asume algunos riesgos.
- Sé honesto y transparente.
- Escucha sin juzgar.
- Reconoce que tú también tienes tu propio «equipaje».

Cosas que hay que evitar:

- Entrometerse.
- Hacer suposiciones.
- Tomarse las cosas como algo personal.
- Arreglar el problema de la otra persona.

16

Todo conflicto puede tener una gran resolución

No tengas miedo de la oposición. Recuerda que una cometa se eleva contra el viento, no con él.

Hamilton Wright Mabie

Cuando el anciano John D. Rockefeller estaba creando la Standard Oil Company dijo: «La capacidad de tratar con la gente es una mercancía tan comprable como el azúcar o el café, y pagaré más por esa capacidad que por cualquier otra bajo el sol».

La capacidad de tratar con la gente es aún más importante hoy en día con la presión de nuestros entornos acelerados, y ser capaz de manejar los conflictos de forma productiva se menciona con frecuencia como una de las habilidades más difíciles de adquirir para cualquier persona. Los conflictos cotidianos pueden socavar el mejor de los planes y proyectos, así como el equipo de personas o la familia más bien intencionados.

Un nuevo enfoque del conflicto

Dale Carnegie señala que el conflicto, que a menudo recibimos con temor en casa, es una parte normal de la actividad empresarial.

Pocas operaciones son perfectas y se producen errores que hay que resolver. El resultado: lo que podría considerarse un conflicto.

En realidad, los conflictos ofrecen buenas oportunidades para demostrar flexibilidad y carisma, y tienen una vertiente emocional que debe abordarse con el mismo énfasis que la resolución de la situación real.

El lado positivo: como en casi todas las relaciones, cuando resolvemos los problemas y consideramos el conflicto como una experiencia de crecimiento, la relación puede fortalecerse aún más.

Puntúa tus reacciones ante el conflicto. Anota tu reacción a las siguientes afirmaciones, leyendo cada punto, y coloca un número de la escala de respuestas junto a cada afirmación.

1. Rara vez.
2. A veces.
3. Por lo general.

		Rara vez	A veces	Por lo general
1.	Puedo dejarme llevar por el punto de vista de otra persona.			
2.	Me cierro en banda ante gente con la que no estoy de acuerdo.			
3.	Abordo el tema en cuestión con diplomacia y no ataco al individuo.			
4.	Creo que los demás tratan de «imponerme» su punto de vista.			
5.	Expreso mis pensamientos y creencias con tacto cuando difieren de los expresados por otros.			

6.	En lugar de ofrecer mi opinión cuando no estoy de acuerdo con alguien, me la guardo para mí.			
7.	Escucho el punto de vista de los demás con la mente abierta.			
8.	Dejo que mis emociones saquen lo mejor de mí.			
9.	Levanto la voz para dejar claro mi punto de vista.			
10.	Suelo menospreciar a los demás cuando expongo mi punto de vista.			
11.	Busco formas de negociar y comprometerme con los demás.			
12.	Me han dicho que soy demasiado insistente.			
13.	Me aseguro de que se escuche mi opinión en cualquier controversia.			
14.	Creo que el conflicto en las reuniones es necesario.			
15.	En las reuniones soy el más ruidoso cuando intento que se entienda mi punto de vista.			

Puntuación:

Suma las puntuaciones de las preguntas 1, 2, 4, 6, 8, 9, 10, 12, 13, 14, 15 = _____

Suma las puntuaciones de las preguntas 3, 5, 7, 11 = _____

Resta el segundo total del primero = _____

¿Qué significa tu puntuación?

- **1-4:** «Pasivo»: Es posible que seas tan pusilánime que permitas que las personas difíciles te pasen por encima. Te conviene aprender a defender tus ideas y opiniones con diplomacia y tacto.
- **5-10:** «Asertivo»: Eres asertivo a nivel profesional cuando tratas con la gente, especialmente con la gente difícil. Continúa abierto a escuchar diferentes puntos de vista y expresa tus ideas y opiniones de forma adecuada.
- **11 y más:** «Agresivo»: Puedes ser tan combativo que la gente podría evitar interactuar contigo. Te conviene aprender a escuchar y a expresar tus opiniones de forma más eficaz.

Manejo de conflictos interpersonales

Ideas para manejar los conflictos interpersonales:

- Pregúntate: «¿En qué medida mis prejuicios y sesgos personales afectan a esta relación?»
- Escribe tres comportamientos que podrías cambiar para reducir el conflicto en esta relación. Comprométete a llevar a cabo estos cambios durante al menos tres meses.
- Pregunta a la otra persona implicada cómo podrías desactivar el conflicto existente.
- Fomenta los comentarios que puedan parecer realmente honestos.
- Ponte en su lugar. ¿Cómo crees que ven tu compromiso de reducir los conflictos en vuestra relación? ¿Por qué?
- Haz una lista de cinco puntos fuertes que veas en la otra persona. A continuación, enumera cinco formas en las que mejorar esta relación te beneficiaría.

Ideas para manejar los conflictos sobre la dirección:

- Pregúntate: «¿Tengo clara la dirección o la visión?».
- Aclara la discrepancia de manera que pueda describirse fácilmente con palabras neutras y, a continuación, actúa.
- Pide permiso para abordar la discrepancia con la otra persona de forma amistosa y sin confrontación para poder llegar a un acuerdo.
- Utiliza los mensajes «yo» y «nosotros» en lugar de «tú».
- Si sale a la luz una diferencia de valores opta siempre por el valor más alto.
- Asume compromisos de forma genuina.

17

Mantener la calma en medio del conflicto es una gran hazaña

Las emociones fuertes, como la ira y la desconfianza, son a la vez causa de un conflicto *y* resultado del mismo, y a menudo ocultan las cuestiones en disputa. Sin embargo, las emociones son reales y deben ser abordadas para que el conflicto se resuelva de forma cómoda para todos los implicados.

Hay un ciclo que siguen muchos conflictos: comienza con un acontecimiento que interpretamos de tal manera que conduce al conflicto y va seguido de una serie de respuestas emocionales, físicas y de actitud. Puede estar claro cuando los demás están atrapados en este ciclo, pero normalmente es más difícil ver cuándo lo estamos nosotros.

El ciclo comienza con un acontecimiento que dispara el conflicto potencial, que puede ser una interacción relativamente insignificante o algo que se convierta en un gran problema. Cualquier acontecimiento puede desencadenar un conflicto:

- Algo que se dijo o se escuchó por casualidad.
- Noticias o chismes.
- Una interacción con otra persona.
- Una crisis laboral.

Interpretación

Aplicamos nuestra propia interpretación al acontecimiento. Nuestras experiencias, inseguridades, prejuicios y actitudes hacia el acontecimiento y la persona son factores que influyen en nuestra interpretación, tanto consciente como inconscientemente, y ésta es fundamental para las respuestas posteriores que experimentamos en el ciclo:

- Creo que esa persona acaba de insultarme.
- No creo que hayan querido decir nada con eso.
- Esa noticia es totalmente errónea.
- Tengo que averiguar más sobre lo que he oído.
- Esa persona fue muy grosera conmigo.
- Esa persona tiene un mal día.

Respuesta emocional

Nuestra interpretación del acontecimiento desencadena una respuesta emocional, y muchas veces la otra persona no es consciente de la emoción que se ha desencadenado en nosotros.

Dependiendo de nuestra interpretación, nuestra respuesta emocional podría ser:

- Enfadado, resentido, dolido.
- Tranquilo, centrado, imperturbable.
- Cualquier punto intermedio.

Respuesta física

Los expertos médicos llevan mucho tiempo estudiando lo que nos ocurre física o biológicamente cuando sentimos determinadas emociones. Está ampliamente aceptado que, con el tiempo, los problemas emocionales son lo suficientemente poderosos como para desencadenar problemas de salud física. Durante los periodos de conflicto no es raro experimentar:

- Insomnio.
- Nerviosismo.
- Irritabilidad.
- Dolores de cabeza.
- Dolores de estómago.

Actitud de respuesta

Cuando pasamos por situaciones de conflicto, nuestra actitud cambia inevitablemente hacia los implicados. Si la relación era amistosa y cálida antes del conflicto, nuestra actitud puede cambiar notablemente y pasar a ser más reservada y fría. En el peor de los casos, podría volverse hostil hacia la otra persona una vez superada la situación de conflicto.

Si el conflicto se resuelve a satisfacción de todos es posible que tengamos una actitud más respetuosa y abierta hacia la otra persona que la que teníamos antes.

Efecto

Si respondemos a la otra persona con una actitud diferente, esto tiene un efecto a largo plazo en nuestra relación, y la próxima vez que nos encontremos en una situación de conflicto con esta persona estaremos en mejor o peor posición para resolverla con éxito, dependiendo de las actitudes que hayan prevalecido entre nosotros desde nuestro último encuentro.

El riesgo de la ira

La interpretación de la situación de conflicto conduce a la respuesta emocional, y una reacción emocional común es la ira. A menudo las personas se ven presionadas para tomar decisiones importantes en un corto periodo de tiempo, y en tales circunstancias pueden enfadarse y actuar de forma excesivamente conflictiva, de lo que luego se arrepienten.

Corremos un grave riesgo si nos permitimos ceder espontáneamente a los sentimientos de ira sin procesarlos cuidadosamente primero.

La ira perturba las situaciones de conflicto al:

- Deteriorar la confianza.
- Afectar al juicio.
- Llevarnos a disminuir la preocupación por la preferencia de la otra persona.
- Empujarnos a descuidar nuestros propios objetivos.

Procesar la ira

Los expertos en el manejo de la ira dicen que ésta suele ser la emoción que se expresa cuando el individuo no quiere o no sabe cómo expresar sus verdaderas emociones, que suelen ocultar los problemas en disputa. En otras palabras, la ira se expresa a menudo para encubrir los sentimientos de:

- Dolor.
- Miedo.
- Frustración.
- Humillación, vergüenza o bochorno.
- Confusión.
- Preocupación.
- Desconfianza.

- Decepción.

*La ira, si no se contiene, suele ser más dañina para
nosotros que la lesión que la provoca.*

SÉNECA

Expresiones emocionales destructivas

El dolor, el miedo, la frustración, la confusión, la decepción y
otras emociones suelen desencadenar una reacción en cadena de
respuestas que conducen a expresiones destructivas de emociones
negativas, que pueden exteriorizarse (como culpar o atacar a otra
persona) o interiorizarse (como sentirse culpable o enfermar).

Externalización de la frustración y la ira

Externalizar nuestras emociones negativas suele llevarnos a culpar
o atacar a los demás, a veces para evitar la dolorosa realidad de
que nosotros fuimos los culpables.

Culpar a otros es probablemente el método más común para
desviar la propia culpa. Todos hemos participado en una situación
de conflicto en la que las personas implicadas han pasado más
tiempo tratando de culpar a alguien que de resolver el problema.
Culpar a otros es claramente una forma utilizada por individuos y
grupos para desviar la propia culpa. Culpar puede ser útil, suponiendo que alguien claramente la haya pifiado; sin embargo, en la
mayoría de los casos, el resultado es un juego de acusaciones en el
que nadie acepta la responsabilidad y la atención de todos se desvía de la solución del problema.

Al igual que culpar, atacar es un mecanismo de defensa utilizado para desviar la responsabilidad del resultado del conflicto.

Si el conflicto es enteramente culpa de la otra persona, entonces no tenemos que ser responsables de cambiar nosotros mismos para resolverlo. Sin embargo, atacar a la otra persona tiende a provocar represalias defensivas, una escalada destructiva o una retirada por parte de la otra persona, todo lo cual puede ser contraproducente.

Si alguna vez sientes el impulso de culpar o atacar a los demás hazte dos preguntas:

- ¿Culpar o atacar a alguien ayudará a la situación o hará más mal que bien?
- ¿Qué papel he desempeñado, si es que he desempeñado alguno, en el origen de la situación?

Recuerda que tienes dos objetivos cuando te enfrentas a cualquier problema: 1) resolverlo y 2) evitar que se repita. Si culpar o atacar a otra persona no contribuye a promover ninguno de esos dos objetivos es contraproducente.

Internalizar las emociones negativas

Intentar reprimir las emociones negativas puede parecer una estrategia útil hasta que acaban saliendo… y *siempre* salen de alguna manera. A veces, las emociones se escapan más tarde en forma de arrebatos de ira excesivos, y en otros casos las personas tienen tanto éxito reprimiendo sus emociones negativas que enferman a nivel físico o desarrollan problemas psicológicos, como la depresión y la ansiedad. Cuando reprimimos las emociones básicamente estamos dirigiendo nuestros sentimientos negativos contra nosotros mismos.

Claves para una expresión emocional sana

En lugar de exteriorizar o interiorizar nuestras emociones negativas tenemos que encontrar formas de lidiar con ellas de forma más productiva. He aquí algunas sugerencias:

- **Intenta nombrar la emoción con precisión.** Si afloran emociones de ira, detente y piensa en las emociones que estamos experimentando. A continuación, mira más allá de esa emoción para ver si otras emociones pueden estar causándola. Por ejemplo, si sentimos ira, ésta puede deberse a un miedo o una frustración subyacentes.
- **No juzgues.** Las expresiones saludables abordan el problema o la frustración, pero no juzgan ni condenan a la otra persona.
- **Exprésate de forma directa y sin rodeos.** Sin juegos, sin esconderte, sin manipular. Las emociones sanas se comunican de forma honesta y directa. Considera la posibilidad de utilizar una metáfora para describir la emoción de forma que ayude a la otra persona a entenderla.
- **No culpes ni ataques a los demás.** No tenemos ninguna buena razón para redirigir nuestra ira hacia los demás. En lugar de empezar una afirmación con «tú», utiliza mensajes empezando con «yo» o «me siento...».
- **Verbaliza la idea de que los demás no son la causa de nuestros sentimientos.** El comportamiento de otras personas puede afectar a nuestros sentimientos, pero la otra persona no es la causa de nuestros sentimientos. Si nos encontramos con ganas de decir «Me haces sentir enfadado» párate a pensar qué es lo que realmente te hace sentir enfadado o molesto.

Diálogo: hablemos de ello

En lugar de sentirte culpable o de culpar a los demás de un problema, inicia un diálogo para hablar del asunto. Considera la posibilidad de estructurar el diálogo de la siguiente manera:

1. **Detente y cálmate.** No tiene mucho sentido intentar hablar del tema cuando ambas personas están enfadadas. Dale un poco de tiempo y deja que los ánimos se calmen. Céntrate en algo o en otra persona durante un tiempo. Os podéis reunir cuando cada una de las partes haya alcanzado algún tipo de equilibrio.

2. **Habla y escucha al otro.** No te escondas de la otra persona ni le des el tratamiento del silencio. Sigue hablando y exprésate honesta y abiertamente. Utiliza metáforas para describir tus reacciones emocionales y físicas. Y, sobre todo, escucha lo que la otra parte tiene que decir sin filtrar ni juzgar su mensaje.

3. **Averigua lo que ambos necesitáis.** Estos diálogos se centran con demasiada frecuencia en las quejas en lugar de desarrollar soluciones continuas. Determina lo que cada parte debe obtener de la situación y esfuérzate por alcanzar una solución en la que se satisfagan las necesidades de todos.

4. **Haz una lluvia de ideas para encontrar soluciones.** Cada parte del conflicto tiene una visión del resultado ideal para sí misma. El reto es evitar forzar nuestras soluciones en la situación de conflicto y, en cambio, permitir que las soluciones surjan del pensamiento creativo de todos.

5. **Elige la idea con la que ambos podáis vivir.** En la mayoría de los conflictos es más probable que se llegue a un compromiso antes que la otra parte esté completamente de acuerdo con nuestra solución o que nosotros estemos completamente de acuerdo con la suya. Una de las formas de salir de un

ciclo de conflicto negativo con la otra persona es encontrar soluciones que ambos consideremos justas dadas las circunstancias.

6. **Formula un plan y ponlo en práctica.** Para garantizar que el conflicto no vuelva a surgir elabora un nuevo plan. Planifica formas de trabajar juntos que reduzcan al mínimo los malentendidos y las explosiones emocionales. Y lo que es más importante, poneros de acuerdo y poneros en marcha de inmediato, sin vacilar.

Ejemplo de diálogo de conflicto

He aquí un ejemplo de cómo podría llevarse a cabo un diálogo sobre el conflicto.

Establecimiento del diálogo:

Solicita una reunión.

«Me gustaría que nos reuniéramos y habláramos sobre el tema de...»

«¿Cuándo te iría bien?»

Cómo empezar:

Saluda a la persona y agradécele que se reúna contigo.

«Lo que he pensado que podríamos hacer, si te parece bien, es hablar del tema. ¿Qué opinas?»

Dialogar:

Haz que la conversación fluya.

«¿Por qué no nos contamos la interpretación de cada uno sobre este hecho? ¿Quieres empezar tú o lo hago yo?»

Escucha atentamente a la otra persona. No expliques, interrumpas ni justifiques.

«Así que lo que te he oído decir es...» (Resume lo que has oído.)

«¿Qué sientes que necesitas a nivel personal en esta situación?»

Describe el resultado deseado desde tu perspectiva, expresa tu deseo de una resolución mutuamente beneficiosa y transmite tu sentimiento de esperanza de que la resolución del conflicto sea un éxito.

«Lo que sería importante para mí es...»

«Así que, si podemos encontrar una manera de conseguir lo que ambos necesitamos, podemos ser capaces de superar este conflicto.»

Lluvia de ideas de soluciones:

Sugiere que se empiece a hablar de soluciones.

«¿Cómo crees que podemos solucionar esto?»

«Vamos a hablar de algunas soluciones posibles. ¿Qué ideas has tenido?»

«Éstas son algunas de las mías...»

Acordar una solución:

Cambia la discusión para llegar a un acuerdo sobre una solución.

«Parece que ambos estamos de acuerdo en...»

«¿Hay otras cuestiones?»

Creación de un plan:

Transición hacia la creación de un plan.

«¿Cuál debe ser nuestro plan para avanzar?»

«¿Cómo haremos el seguimiento con los demás?»

«¿Cómo mediremos el éxito de nuestro plan?»

«¿Hay alguien más que necesite saber sobre nuestro plan?»

Expresar el agradecimiento:

Expresa tu agradecimiento.

Agradece a tu interlocutor que se haya reunido contigo.

Dile lo que admiras de él o ella de forma sincera.

Reafirma tu argumento con pruebas específicas de esta reunión.

Comprométete a seguir adelante con el plan y dale la mano.

18

Las emociones controladas
son de gran ayuda

Algunos de nosotros somos mejores a la hora de llevar a cabo un trabajo, y algunos somos gente con quien es más fácil trabajar que con otros. El factor definitorio es la inteligencia emocional (IE): nuestra conciencia, comprensión y capacidad para gestionar nuestras propias emociones y las de los demás para obtener resultados positivos. La medida de la IE es el cociente de inteligencia emocional (EQ).

Las investigaciones demuestran que en las empresas la energía positiva y el control emocional dan lugar a una alta productividad, decisiones inteligentes, altos índices de retención, buena moral y un fuerte trabajo en equipo, y los resultados son los mismos tanto en el ámbito profesional como en el personal. Los estudios han demostrado que el aumento de la inteligencia emocional general en cualquier grupo conduce a resultados positivos. La buena noticia es que, mientras que nuestro cociente intelectual (CI) se establece en la edad adulta temprana, la inteligencia emocional puede desarrollarse a lo largo de nuestra vida.

A veces no es tan fácil entender la conexión entre lo que pensamos, cómo nos sentimos y cómo nos comportamos. Por eso es muy útil descubrir nuestro nivel actual de aptitud emocional, explorar cómo nuestras emociones y «temas candentes» afectan a nuestro rendimiento y aplicar consejos para mantener la energía positiva y controlar las emociones en situaciones difíciles.

La competencia de la inteligencia emocional

Daniel Goleman, autor de *Inteligencia emocional,* define la IE como «la capacidad de reconocer nuestros propios sentimientos y los de los demás, de motivarnos y de gestionar bien las emociones en nosotros mismos y en nuestras relaciones».

Mike Poskey, vicepresidente de ZERORISK HR, Inc., una empresa de gestión de riesgos de recursos humanos con sede en Dallas, identifica cinco competencias que contribuyen al éxito en el lugar de trabajo, tal como se presenta en las siguientes secciones. Las dos primeras se refieren a cómo gestionamos las relaciones. Las tres últimas se refieren a cómo nos gestionamos a nosotros mismos. *(Utilizado con permiso de ZERORISK HR.)*

Intuición y empatía

Nuestra conciencia de los demás, los sentimientos, las necesidades y los retos. Esta competencia es importante en el lugar de trabajo porque:

- Nos ayuda a entender los sentimientos y las perspectivas de los demás y a percibir lo que otros necesitan para crecer, desarrollarse y dominar sus puntos fuertes.
- Mejora nuestro servicio al cliente al permitirnos anticipar, reconocer y satisfacer las necesidades de los clientes.
- Optimiza nuestra capacidad para ser sensibles y para sacar provecho de un lugar de trabajo diverso.

Habilidades sociales y corrección política

Nuestra habilidad para obtener respuestas deseables en los demás. Esta competencia es importante en el trabajo porque:

- Nos ayuda a comunicarnos con eficacia y a influir y a persuadir a los demás enviando mensajes claros y convincentes.
- Mejora nuestra capacidad de liderazgo, de trabajo en equipo y de gestión del cambio, de negociación, de resolución de conflictos, de consenso y de colaboración con los demás.

Conciencia de uno mismo

Conocer y comprender las propias preferencias, recursos e intuiciones. Esta competencia es importante en el trabajo porque:

- Mejora nuestra capacidad de reconocer nuestras propias emociones y sus efectos e impacto en los que nos rodean.
- Nos ayuda a evaluar, comprender y aceptar nuestros puntos fuertes y nuestras limitaciones.
- Aumenta la confianza en uno mismo y la autoestima.

Autogestión

Gestionar los estados internos, las emociones y los recursos propios. Esta competencia es importante en el trabajo porque:

- Mejora nuestro autocontrol al gestionar las emociones negativas.
- Aumenta nuestra capacidad de ganar confianza y de asumir responsabilidades.

- Incrementa nuestra flexibilidad y comodidad ante el cambio, las nuevas ideas y la nueva información.

Autoexpectativas y motivación

Tendencias emocionales que guían o facilitan la consecución de objetivos. Esta competencia es importante en el trabajo porque:

- Nos ayuda a esforzarnos concienzudamente y a comprometernos a alcanzar nuestro nivel de excelencia autoimpuesto.
- Aumenta nuestra capacidad para motivarnos a nosotros mismos y a los demás, y para ser optimistas cuando nos enfrentamos a los obstáculos.
- Mejora nuestra capacidad de iniciativa siendo más emprendedores.

Más información sobre el coeficiente de inteligencia emocional

Los cuatro pilares de la inteligencia emocional son:

- Conciencia de uno mismo.
- Autogestión.
- Conciencia social.
- Gestión de las relaciones.

Investigaciones y datos interesantes sobre la inteligencia emocional:

- Podemos aprender a ser más conscientes emocionalmente y maduros en la gestión de las emociones.

- Las mujeres y los hombres obtienen la misma puntuación en conciencia de uno mismo, pero las mujeres obtienen una puntuación más alta en la gestión de las relaciones.
- Dentro de cada profesión, los que mejor se desenvuelven son los que tienen una mayor inteligencia emocional.
- Una IE y un EQ elevados están directamente relacionados con una alta productividad.
- Las personas con una IE y un EQ elevados tienden a ser más sanas. Si uno está en contacto con sus emociones y sabe cómo manejarlas adecuadamente es menos propenso a los conflictos y al estrés, que pueden causar enfermedades. Las personas que dominan sus emociones están mucho mejor cuando ocurre algo extremo en sus vidas.

Intento no enfadarme con las influencias externas: la galería, un mal rebote y el tiempo. Me señalo a mí mismo. Si algún problema o ansiedad me molesta intento sacarlo a la luz, diseccionarlo lógicamente y afrontarlo.
Por eso juego mejor.
Me siento más cómodo conmigo mismo. Soy más yo.

HALE IRWIN, jugador de golf profesional

Mejorar la inteligencia emocional en la empresa sale rentable

En el Hay Group, un estudio elaborado en 44 empresas de la lista Fortune 500 descubrió que los vendedores con un alto cociente emocional producían *el doble de ingresos* que los que tenían una puntuación media o inferior a la media. En otro estudio, los programadores técnicos que demostraban el 10 por ciento más alto de competencia en inteligencia emocional desarrollaban software tres veces más rápido que los que tenían una competencia inferior.

Un estudio elaborado por una empresa de Dallas descubrió que los empleados con altas puntuaciones de IE superaban a los que tenían bajas puntuaciones por un factor de 20. Otro estudio elaborado en el sector de la construcción mostró que los empleados con una IE baja tenían más probabilidades de *lesionarse en el trabajo*.

> *Un tonto da rienda suelta a su ira, pero un hombre sabio*
> *se mantiene bajo control.*
>
> PROVERBIOS, 29:11

Estos son los consejos de Dale Carnegie para gestionar las emociones con eficacia:

- Identificar la emoción y lo que nos hizo sentir así.
- Comunicar lo que sentimos de forma tranquila.
- No permitir que nuestras emociones se enconen.
- Llevar un diario.
- Afrontar los problemas preguntándonos «¿Qué es lo peor que puede pasar?». Aceptar lo peor e intenta mejorar la situación.
- Cuando surja una situación emocional, preguntarnos:
  - ¿Cuál es la emoción?
  - ¿Cuáles son las causas de la emoción?
  - ¿Cuáles son las posibles reacciones?
  - ¿Cuál es la reacción más sabia?
- No guardar rencor ni perder el tiempo tratando de vengarnos.
- Abstenerse de caer en cambios de humor. Actuar con coherencia en diversas circunstancias para generar confianza.

- Eliminar el estrés poniendo nuestra casa en orden y no dejando que las cosas se acumulen.
- Mantenernos ocupados.
- Escoger nuestras batallas: mantener las cosas en su justa medida y no preocuparse por nimiedades.
- Cooperar con lo inevitable: no te preocupes por el pasado y céntrate en el futuro.
- Ser agradecidos con lo que tenemos.
- Mantenernos sanos comiendo bien, haciendo ejercicio y durmiendo lo suficiente.
- Encontrar momentos para el humor y reírnos a menudo.
- Dar a los demás.
- Socializar con gente positiva.
- Mimarnos —pero no consentirnos— a nosotros mismos.

Y seis pasos para mantener la calma:

- Ser cerebral. Captar nuestros pensamientos y emociones y redactar una nota o un correo electrónico diciendo lo que tenemos en mente, pero *sin* enviarlo. Convertir nuestros pensamientos y emociones en palabras es terapéutico.
- Pedir su opinión. Consultar la situación con alguien imparcial y pedirle un punto de vista honesto.
- Hacer ejercicio físico. Dar un paseo, practicar estiramientos o alguna otra actividad física que nos resulte revitalizante.
- Reflexionar. Mirar la situación desde el punto de vista de la otra persona y pensar en cómo podemos haber contribuido a cualquier problema o conflicto.
- Consultarlo con la almohada. Revisar nuestras notas o el correo electrónico por la mañana y decidir si la situación merece gastar energía en ella o si es algo que hay que dejar pasar.
- Elegir nuestras batallas. Arreglarlo u olvidarlo.

Cuando trates con personas, recuerda que no estás tratando con criaturas de la lógica, sino con criaturas de la emoción.

DALE CARNEGIE

19

La multitarea puede ser genial, cuando funciona

Con la tecnología cambiando a la velocidad del rayo, el aumento de la carga de trabajo diaria y las demandas procedentes de múltiples fuentes, el aumento de la productividad está a la orden del día. Por ello, la multitarea (la capacidad de alternar entre varias tareas y actividades) se ha convertido en una necesidad para tener éxito en los negocios. De hecho, para la mayoría de nosotros, la multitarea se ha convertido en algo natural. Pero ¿lo estamos haciendo bien?

Por la noche tengo el ordenador en marcha y me aparecen buzones de mensajería instantánea mientras preparo la cena. Es una forma fácil de responder preguntas y peticiones en medio de todas las otras cosas que tengo que hacer.

ANNE ALTMAN, directora general de IBM

Cuatro mitos de la multitarea

Antes de aceptar o descartar la multitarea como el secreto para aumentar la productividad, considera los siguientes cuatro mitos.

El proceso de desmantelamiento de estos mitos proporciona una visión más realista de la multitarea.

Podemos concentrarnos en más de una actividad a la vez

Según las investigaciones de los neurólogos, cuando llevamos a cabo dos actividades al mismo tiempo el cerebro procesa los datos en una estricta secuencia lineal, alternando entre las dos actividades. Hal Pashler, profesor de psicología de la Universidad de California en San Diego (UCSD), hizo un experimento en el que puso a prueba la capacidad del cerebro para responder a dos sonidos diferentes en rápida sucesión. Pashler descubrió que el cerebro se detiene ligeramente antes de responder al segundo estímulo, y que el segundo sonido se oye, pero la persona que lo oye necesita tiempo, aunque sólo sean milisegundos, para organizar una respuesta. Además, las investigaciones han demostrado que el hábito de los estudiantes que intentan aprender o estudiar mientras escuchan música afecta negativamente al aprendizaje.

Las mujeres son mejores que los hombres en la multitarea

Este mito comenzó con una consideración de las amas de casa y el género. Dado que las mujeres eran más a menudo las amas de casa, se suponía que eran mejores en la multitarea o en el cambio de tareas. Esta suposición se ha trasladado al entorno laboral. La verdad es que la capacidad de pasar de una tarea a otra no es necesariamente una habilidad que les resulte fácil a las mujeres, y por tanto no es específica del género. Algunas lo hacen con frecuencia y de forma natural, y otras lo hacen cuando es necesario.

La multitarea conduce al agotamiento

La multitarea por sí sola no conduce al agotamiento. Es más probable que el número de horas de trabajo, el ritmo de trabajo y el equilibrio entre ocio y trabajo contribuyan más al agotamiento que la multitarea o la alternancia de tareas.

Las personas nacen siendo multifuncionales

La capacidad de llevar a cabo varias tareas puede ser más natural para algunas personas que para otras. Sin embargo, tiene mucho que ver con el puesto de trabajo que ocupamos, las responsabilidades que se nos delegan, el número de horas disponibles para hacer la tarea y la calidad del trabajo que se espera que entreguemos.

Cuando se estudia con precisión lo que el cerebro de las personas está haciendo en cada momento hay menos procesamiento concurrente de lo que se cree. El cerebro es más bien una operación de tiempo compartido. Cuando las fracciones de segundo importan es mejor no hacer otra tarea.

HAL PASHLER, profesor de psicología de la Universidad de California

Encontrar el punto óptimo de la multitarea

La multitarea puede considerarse en un espectro que va desde la multitarea excesiva hasta la compartimentación excesiva, como se presenta en la siguiente tabla. La multitarea efectiva se produce hacia la mitad del espectro.

Multitarea excesiva	Multitarea eficaz	Compartimentación excesiva
Tiende a «improvisar» sin un plan, objetivos, calendario o prioridades.	Tiende a planificar con antelación y a ser disciplinado con las prioridades, sin distraerse y alcanzando los objetivos.	Tiende a planificar en exceso y a ser demasiado estructurado, lo que tiende a perjudicar su creatividad.
Tiende a abarcar más de lo que puede y quiere participar en todo.	Tiende a asumir sólo lo que sabe que puede lograr.	Tiende a subestimar la cantidad de trabajo que puede hacer.
Las cosas pueden fallar y la calidad del trabajo puede verse afectada.	Dispone de un sistema para hacer un seguimiento de los asuntos pendientes y ofrece un trabajo de alta calidad y puntual.	Tiende a ser demasiado detallista, meticuloso y perfeccionista.
Le gusta tener el control y le cuesta pedir ayuda, delegar, dar poder y autorizar.	Tiende a pedir ayuda, delegar y dejarlo correr cuando es necesario.	Tiende a pensar que es el único que puede hacer la tarea en cuestión.
Tiende a ser demasiado flexible y dice «sí» a todo.	Tiende a ejercer su buen juicio, a tomar buenas decisiones y a ser flexible cuando surge la necesidad.	Tiende a ser inflexible y evita asumir tareas adicionales para garantizar el cumplimiento de los plazos.
A menudo parece desorganizado y caótico.	Tiende a ser organizado y a hacer buen uso del tiempo.	Parece muy organizado y no le gustan las interrupciones no programadas.
Tiende a tener una capacidad de atención corta, está preocupado y es incapaz de concentrarse.	Tiende a centrarse o concentrarse en la tarea que tiene entre manos.	Tiende a aislarse sin tener en cuenta a los demás.
Puede perder de vista el panorama general.	Mantiene la calma y la visión de conjunto en primer plano.	Tiende a descuidar todo lo demás, excepto el panorama general.
Tiende a centrarse en la cantidad frente a la calidad del trabajo.	Tiende a considerar la cantidad y la calidad del trabajo con la misma importancia.	Tiende a dar más importancia a la calidad del trabajo que a la cantidad.

Quince principios para una multitarea eficaz

Mientras te esfuerzas por incorporar la multitarea en tu vida profesional y personal sigue estos 15 principios para una multitarea eficaz:

1. **Cada persona tiene su propio estilo.** No hay una forma correcta de hacer varias cosas a la vez. Aprovecha tus puntos fuertes y elige la táctica que más te convenga. Algunas personas necesitan segmentar minuciosamente su tiempo y trabajar sin distracciones, mientras que otras se sienten más cómodas con las interrupciones y son más eficientes cuando las afrontan en tiempo real.

2. **Organízate y mantente organizado, tanto física como mentalmente.** Cuanto más organizados nos sintamos, mejor podremos centrarnos y concentrarnos en la tarea que tenemos ante nosotros. Deshazte del desorden y limpia tu escritorio de todo lo que no sea pertinente para tus objetivos del día.

3. **Piensa con antelación.** Planifica cada día, utiliza un calendario o una agenda para crear un horario y haz pública tu disponibilidad. Utiliza temporizadores o alarmas para cumplir un horario en la medida de lo posible. Incluye una variedad diaria de actividades y busca interrupciones y diversiones para evitar el aburrimiento.

4. **Primero prioriza los objetivos, luego compartimenta.** Discrimina utilizando el tiempo principal para las actividades principales. Bloquea el tiempo para las tareas urgentes y emplea el tiempo libre para las actividades no urgentes. Alterna entre los proyectos que requieren mucho tiempo y los más pequeños para obtener una sensación de logro. Divide los proyectos grandes en etapas identificando puntos de parada adecuados para cambiar

de tarea. Permanece atento y disciplinado a tus objetivos y prioridades.

5. **Sé sincero contigo mismo.** Conoce tus límites: cuándo puedes y cuándo no puedes cambiar de tarea. Dedica toda tu atención a las tareas críticas que requieren una concentración total. Ten un espacio separado para trabajar en proyectos de alta prioridad y aléjate del teléfono y el ordenador.

6. **No te comprometas en exceso.** Mantén el control de tu día y aprende a decir «no» con diplomacia y tacto. Utiliza el desvío de llamadas y desactiva las alertas y notificaciones en tu ordenador y *smartphone* cuando trabajes en proyectos críticos que requieran toda tu concentración.

7. **Mantén una actitud positiva y sé flexible.** Espera lo inesperado, mantén la calma y ten paciencia cuando surjan imprevistos, y apóyate en tus experiencias pasadas para hacerles frente. Si no se puede poner en la agenda para afrontarlo más tarde, toma nota de dónde lo dejaste, resuelve la situación y vuelve a lo que estabas haciendo.

8. **Utiliza las pausas y las interrupciones en tu beneficio.** Da un paso atrás, toma perspectiva, piensa de forma creativa y revisa y recompensa los progresos que has hecho.

9. Sé **creativo para maximizar la eficiencia.** Debes saber cuándo puedes ahorrar tiempo a nivel individual agrupando actividades. Optimiza tu tiempo y maximiza la productividad aprovechando los tiempos de espera y los retrasos, y agrupando las tareas automáticas o rutinarias.

10. **No desperdicies tu capacidad intelectual.** Comprende todas las capacidades de la tecnología que utilizas y úsalas. Simplifica tu vida y automatiza las tareas en la medida de lo posible (por ejemplo, macros, atajos de teclado, aplicaciones de productividad y automatización del correo electrónico). Ten a mano los recursos que utilizas con frecuencia.

Invierte en dispositivos que te permitan ahorrar tiempo en la oficina y en casa.

11. **Recuerda tus habilidades sociales y haz de la gente tu prioridad.** Sé cortés y muestra respeto prestando toda tu atención a las personas. Lo más importante que hay que saber sobre la tecnología es cuándo hay que apagarla.

12. **Practica.** Cambiar de tarea requiere reiniciar nuestro cerebro cada vez. Si practicamos puede volverse más automático y menos estresante.

13. **Supérate a ti mismo.** Aprende a pedir ayuda, a delegar, a autorizar, a facultar y a dejar de lado las tareas que no tienes que hacer tú. Mantén las líneas de comunicación abiertas y asegúrate de que tus colegas y miembros del equipo están al tanto, para que puedan aligerar tu carga.

14. **Mantente sano.** Deja que tu mente se reinicie, reduzca la velocidad y se tome un respiro para ser más eficiente y lograr más en menos tiempo. Podemos canalizar nuestra energía de forma más eficaz cuando comemos bien, nos mantenemos hidratados y nos tomamos un descanso para estirarnos y hacer ejercicio.

15. **Revisa cada día y analiza en qué has empleado el tiempo.** Anota las oportunidades de mejora de la productividad. Tómate 15 minutos al final del día para pensar en el día siguiente y preparar tu plan de ataque.

Emparejar tareas para aumentar la eficiencia

La gente suele llevar a cabo varias tareas a la vez sin ni siquiera saberlo. Por ejemplo, si haces la cena en un robot de cocina mientras estás en el trabajo, estás llevando a cabo una multitarea: cocinas mientras trabajas. Si utilizas un robot aspirador puedes aspirar tu casa mientras haces otras cosas. Busca formas de emparejar tareas para mejorar tu eficiencia. Aquí tienes algunas sugerencias para empezar:

- Haz una copia de seguridad del ordenador cuando salgas de casa o de la oficina para ir a comer o a una cita.
- Haz un escaneo de virus al salir de la oficina al final del día.
- Escucha un audiolibro mientras conduces.
- Configura tu *smartphone* para grabar notas y pensamientos mientras conduces.
- Mira un vídeo motivacional mientras caminas en la cinta de correr o montas en la bicicleta estática.
- Mira las noticias o escucha música o un audiolibro mientras haces ejercicio.
- Ponte al día con un amigo o familiar mientras paseáis o corréis.
- Lleva a cabo tareas ligeras (limpiar el polvo, regar las plantas, etc.) mientras ves la televisión.
- Mira la televisión o escucha música o un audiolibro mientras cocinas.
- Envuelve regalos o recorta cupones mientras ves la televisión.

Sácale todo el partido que puedas a las horas.

WILLIAM SHAKESPEARE

20

5 claves para alcanzar la grandeza que deseas

Piensa en el cerebro como en un ordenador. ¿No es cierto que cuando trabajamos con varios programas y tenemos numerosas ventanas abiertas en la pantalla nuestro ordenador tiende a ralentizarse o incluso a bloquearse? Según algunas investigaciones, lo mismo ocurre en el cerebro. Cuando llevamos a cabo múltiples tareas que requieren toda nuestra atención nuestro cerebro puede sobrecargarse. Para cambiar de tarea con éxito, el cerebro debe reunir los recursos necesarios para llevar a cabo la nueva tarea mientras apaga, o inhibe, las demandas de la anterior. Pero ¿cómo podemos concentrarnos en esa tarea cuando tenemos tantas otras pendientes? Estas 5 claves te ayudarán a concentrarte únicamente en la tarea que tienes ante ti:

1. **Filtrado.** Filtra los ruidos, las preocupaciones insignificantes y otras distracciones. Mantente centrado en el momento evitando las preocupaciones e interrupciones innecesarias. Utiliza un antifaz y tapones para los oídos si es necesario.

2. **Organización.** Organiza tu espacio y preste atención a los factores ambientales que pueden afectar a la productividad: iluminación, ventilación, silla cómoda, etc. Cuanto más organizados estemos, menos nos preocupamos de que

las cosas se nos escapen. Cuanto más cómodos estemos, mejor podremos concentrarnos.

3. **Memoria.** Comprométete con la memoria. Mantén un buen registro, utiliza un planificador o un calendario para crear horarios y haz una copia de seguridad de estos registros. Una vez que escribas algo, o lo registres electrónicamente, nunca lo olvidarás. Esto nos permite compartimentar, dejar pasar las cosas, sumergirnos y centrarnos exclusivamente en la tarea que tenemos entre manos.

4. **Comprensión.** Entiende lo que hay que hacer, divídelo en metas y objetivos manejables, y establece límites de tiempo o momentos para descansar. Crea recordatorios de tu objetivo final y de lo que te espera, y recompénsate por haber completado cada parte de la tarea o el proyecto.

5. **Revisión.** Revisa con tal de eliminar cualquier información errónea o engañosa. Actúa como si fueras un corrector de pruebas y mira el proyecto o la tarea como si fuera la primera o la última vez. Rétate a ver la situación desde una perspectiva diferente.

Un modelo para organizar y priorizar

Nuestro día habitual como adultos responsables, dentro o fuera de una oficina, está relacionado con actividades centradas en el pasado, en el presente o en el futuro. Las tres son esenciales para garantizar la productividad y el éxito, y no tienen ningún valor correcto o incorrecto asociado a ellas. No es mejor ni peor dedicar tiempo a una actividad centrada en el futuro que a una actividad centrada en el pasado. Ambas son absolutamente necesarias.

La decisión que tenemos que tomar se basa en hacia dónde dirigir nuestra energía en cada momento.

Por ejemplo, la recopilación de las cifras de los gastos domésticos del mes pasado o de los resultados de las ventas de las empresas se centra en el pasado, mientras que la elaboración del presupuesto para el próximo trimestre se centra en el futuro. Ambos están relacionados con las finanzas y la contabilidad, y los dos últimos pueden estar interconectados, pero miran en direcciones opuestas.

Las actividades centradas en el presente son aquellas que se encuentran en nuestro rango de visión y audición inmediato. Las llamadas telefónicas y las citas cara a cara entran en esta categoría. Incluso con la misma función empresarial, hay actividades pasadas-presentes-futuras, como se presenta en la siguiente tabla.

Enfoque del pasado	Enfoque del presente	Enfoque del futuro
Analizar el volumen de negocios	Formarse	Planificación de la sucesión
Gestionar las expectativas	Cumplir con las expectativas	Fijar las expectativas

¿Por qué funciona este modelo?

Utilizar el pasado-presente-futuro como modelo de organización es un medio sencillo para determinar lo que hay que hacer hoy en las tres categorías. Si pensamos cuidadosamente en cada uno de estos marcos temporales (pasado, presente y futuro) podemos estar seguros de que estamos organizados y preparados de forma adecuada.

Priorización de actividades

Una vez que hayamos colocado todas nuestras actividades y tareas en estas categorías es cuestión de priorizarlas en consecuencia: ¿qué hay que hacer primero en cada categoría?

Enfoque del pasado

- ¿Qué debo corregir? ¿Qué mensajes tengo que contestar?
- ¿Qué informes debo crear o revisar? ¿Quién está esperando un contacto de seguimiento por mi parte?

Enfoque del presente

- ¿Qué reuniones hay hoy en mi agenda? ¿Qué asuntos urgentes han surgido hoy?
- ¿Cuál es mi horario de trabajo o de viaje hoy? ¿Qué plazos debo cumplir hoy?

Enfoque del futuro

- ¿Qué preparativos (viajes, invitaciones, vacaciones, conferencias, etc.) tengo que hacer?
- ¿Qué proyectos o propuestas tengo que preparar?
- ¿Qué plazos se avecinan?

Cómo eliminar los obstáculos más comunes

Numerosos obstáculos pueden interponerse en la capacidad de una persona para priorizar actividades, algunos de los cuales son internos y otros externos. Reconocer estos obstáculos es el primer paso para superarlos:

- Falta de concentración y motivación.
- Enfrascarse en minucias.
- Interrupciones constantes.
- Demasiado que hacer en muy poco tiempo.
- Demasiados pocos recursos para llevar a cabo el trabajo.

- Poca capacidad de planificación y organización.
- Tendencia a la procrastinación.
- Incapacidad para establecer prioridades y cumplir el calendario.
- Ineptitud para delegar eficazmente.
- Incapacidad de tomar decisiones a tiempo.
- Reuniones que consumen mucho tiempo y carecen de un objetivo claro.

El proceso de priorización

Sigue los siguientes pasos para priorizar las actividades en el trabajo y en casa:

1. **Anota todas las actividades:** anota todas las exigencias, las prioridades que se pisan entre sí, las tareas y las actividades del día o de la semana.
2. **Determina los objetivos principales:** enumera tus objetivos principales para el día o la semana.
3. **Ten en cuenta la regla del 80/20:** determina qué 20 por ciento de las actividades producirán el 80 por ciento de los resultados, acercándonos a nuestros objetivos.
4. **Evalúa lo que es importante frente a lo que es urgente:** decide cuáles de estas actividades son las más importantes frente a las más urgentes. En esta fase hay que tener en cuenta cómo afectan ciertos elementos a otros y las consecuencias de no llevar a cabo ciertas tareas (por ejemplo, alguien puede necesitar algo de nosotros para hacer su trabajo).
5. **Clasifica las tareas:** utiliza un sistema de clasificación para empezar a planificar. Por ejemplo:
   – Las tareas A tienen alta prioridad y deben ser completadas inmediatamente.

- Las tareas B son moderadamente importantes pero pueden hacerse después de las tareas A.
- Las tareas C son de poca importancia y pueden abordarse en nuestro tiempo libre.

6. **Haz un calendario:** indica los plazos de cada tarea y estima el tiempo necesario para completarlas. Crea un calendario, teniendo en cuenta las tareas que pueden unirse para aumentar la productividad. Por ejemplo, ¿podemos unir algo de menor prioridad con algo de mayor importancia?

7. **Revisa los objetivos y ajústalos:** revisa tu(s) objetivo(s) y las recompensas por hacer la tarea a tiempo y haz los ajustes necesarios.

8. **Purga:** deshazte de los elementos de la lista que se quedan al final y que, siendo realistas, no se van a hacer.

21

Organízate para una gran vida

La concentración es lo que utiliza la lupa para encender la hoguera. Es lo contrario de estar disperso, dejando mensajes confusos por doquier. Los esfuerzos dispersos producen resultados dispersos y sin fundamento. Centrar nuestros esfuerzos es la única manera de tener éxito en cualquier cosa.

La concentración produce organización. ¿O es al revés? En cualquier caso, sólo si organizamos nuestros horarios, nuestra vida diaria y nuestro trabajo pensando en los resultados podremos asumir los retos a los que todos nos enfrentamos hoy en día para mantenernos al tanto de las responsabilidades más detalladas, los cambios constantes en el lugar de trabajo y otras situaciones, y los ámbitos de control cada vez más amplios.

La organización permite concentrarse

A medida que avanzamos en la vida y adquirimos más autoridad, organizar y priorizar las responsabilidades diarias, semanales y mensuales se vuelve cada vez más difícil. Todos nos enfrentamos en casa y en el trabajo a la necesidad de controlar las obligaciones, hacer un seguimiento de los proyectos, atender a los detalles, determinar la situación actual y planificar el futuro.

Las habilidades sólidas para organizar y priorizar son rasgos muy admirados, dentro o fuera de la oficina, y al potenciarlas reforzamos nuestra imagen en la sociedad, en nuestras familias y en nuestras organizaciones.

Algunos nos resistimos a ser demasiado ordenados y organizados. Casi sentimos que demasiada organización es contraria a nuestra imagen. Podemos encontrar cosas en nuestra oficina, aunque todo parezca amontonado y desorganizado. De hecho, nos crecemos ante la energía y el riesgo del caos aparente. Para nosotros, dedicar tiempo a desarrollar hábitos de trabajo organizados parece casi insignificante en comparación con la urgencia y la importancia de la carga de trabajo. El caos se convierte en una especie de insignia de honor y prueba de nuestra indispensabilidad.

Quienes nos enorgullecemos de saber que «hay un sitio para cada cosa y cada cosa está en su sitio» no podemos entender cómo el otro grupo puede lograr algo. Su caos no sólo parece incomprensible, sino casi peligroso. Pensamos en los logros que otras personas podrían alcanzar si al menos limpiaran sus escritorios o si ordenaran sus casas. Sin embargo, cada vez que le pedimos algo a una de esas personas parece que por arte de magia lo saca de los montones que tiene en su escritorio.

Éstas representan diferencias de estilo, personalidad y autodirección, pero no la diferencia entre personas buenas y malas. Aun así, la mayoría de nosotros podemos ser más productivos si nos organizamos mejor.

Hay cuatro razones de peso para organizarse mejor:

- **Damos una mejor impresión a los demás.** Incluso si tendemos al caos en nuestro propio estilo organizativo, admiramos en secreto a quienes sistemáticamente son organizados y eficientes. La habilidad organizativa es una cualidad muy admirada, y la mayoría de nosotros aspiramos a ser mejores de lo que somos actualmente.
- **Nos sentimos menos estresados.** Aunque crear nuevos hábitos de organización puede resultar estresante, el beneficio

final es sentir menos ansiedad y más tranquilidad. Tomar el caos y convertirlo en prioridades organizadas tiene un efecto tranquilizador en nosotros.

- **Avanzamos hacia nuestros objetivos de profesionalidad y promoción.** A la mayoría de nosotros nos motiva ser profesionales y respetados en nuestro entorno empresarial. A su vez, esto suele brindar oportunidades de promoción profesional. Nuestras habilidades organizativas tienen más y más valor cada vez que aceptamos responsabilidades adicionales.
- **La organización por nuestra parte suele facilitar el trabajo de los demás.**

Ser más organizado

Valora la veracidad de las siguientes afirmaciones basándote en esta escala:

1 = rara vez
2 = a veces
3 = siempre

_____ Puedo encontrar los artículos que necesito con facilidad y rapidez.

_____ Llevo una lista diaria de prioridades.

_____ Soy minucioso en mis planes de seguimiento.

_____ Programo mis actividades con días de antelación.

_____ Puedo absorber adecuadamente las crisis de hoy en mis prioridades.

_____ Llego a las reuniones bien preparado.

_____ La noche anterior reviso las prioridades de cada día.

_____ Mi área de trabajo está generalmente ordenada.

_____ Cumplo los plazos sin tener que hacerlo todo en el último momento.

_____ Mis colegas, amigos y familiares me consideran organizado.

_____ Se me considera una persona que tiende a priorizar.

_____ Por regla general evito la multitarea.

_____ Soy una persona equilibrada en lo que respecta al trabajo, la familia, los amigos y la vida social.

_____ Confirmo las reuniones y citas con una o dos horas de antelación.

_____ Llego temprano a las reuniones.

Cuanto más alto sea tu total de puntos, mejor organizado estarás. Si has obtenido entre 15 y 25 puntos debes centrarse en mejorar tu capacidad de organización. Si has obtenido entre 26 y 35 puntos podrías mejorar. Si has obtenido entre 36 y 45 puntos lo estás haciendo bien.

Consejos para ser más organizado

Dale Carnegie ofrece los siguientes consejos para ser más organizado en general:

- **Permitirnos un 25 % de tiempo extra para cada actividad diaria.** Por ejemplo, si tenemos una reunión de dos horas a las 10:00 a.m., bloqueamos el calendario de 9:45 a 12:15. De este modo, nuestra agenda no se verá alterada tan fácilmente por retrasos e interrupciones.

- **Repasar cada noche nuestra agenda y las prioridades para el día siguiente.** Esto nos ayuda a empezar con tiempo cada mañana y a descansar mejor por la noche. Éste es un buen momento para utilizar la organización de actividades pasado-presente-futuro.
- **Confirmar las reuniones una o dos horas antes de la hora prevista.** Si hay un cambio en la hora de la reunión tenemos tiempo suficiente para hacer ajustes en el horario y completar otras prioridades. También es una gentileza hacia los demás participantes en la reunión y demuestra nuestro compromiso con ser organizados.
- **Programar las actividades segmentando el tiempo.** *Segmentar el tiempo* nos proporciona períodos ininterrumpidos de esfuerzo concentrado en nuestras prioridades, y requiere tanto autodisciplina como la cooperación de nuestros compañeros. Cuando trabajes en una tarea en tiempo segmentado elimina todas las demás distracciones. Si es posible, silencia tu teléfono, desactiva las alertas y notificaciones y evita las distracciones de Internet.

Sugerencias para organizar actividades y proyectos de trabajo

A continuación se ofrecen otras sugerencias para organizar actividades y proyectos de trabajo:

- **Pon las cosas en su sitio.** A veces, con las prisas, ponemos algo en un rincón, en la pila de trabajo equivocada o incluso en la habitación equivocada. Esto da lugar a un uso ineficiente de nuestro tiempo, ya que buscamos cosas que no están donde deberían estar e intentamos llevar a cabo tareas en medio de un desorden creciente.
- **Dedica unos minutos cada día a poner orden.** Esto nos evita tener que dedicar grandes segmentos de tiempo a hacer

limpieza. El desorden debe ser ordenado o acabar en la papelera.

- **A primera hora de la mañana, trabaja en tu prioridad principal.** No hagas nada más hasta que esto esté hecho, porque reduce el estrés de llevar las prioridades inacabadas todo el día. Pide a un familiar o compañero que te apoye en este esfuerzo y no te interrumpa durante este tiempo.

- **Evita la multitarea si es posible.** Varios estudios han demostrado que la multitarea puede ser menos eficiente y lo hace todo más complicado; esto, a su vez, nos hace más propensos al estrés y a cometer errores.

- **Despeja tu mesa de todo lo que no sea tu prioridad actual.** A veces, para despejar nuestra mente y concentrarnos necesitamos despejar nuestro campo de visión y eliminar las distracciones. Incluso si esto significa simplemente mover algo del escritorio a la parte superior de un archivador o una mesa, al menos tendremos un escritorio limpio para trabajar y una vista despejada.

Consejos para organizar nuestra vida

Para organizarte mejor ten en cuenta los siguientes consejos:

- **Utiliza una «herramienta de captura».** Una herramienta de captura, como un cuaderno o una aplicación de *smartphone*, puede servir para registrar al instante ideas, datos o recordatorios. No tenemos que depender de nuestra memoria para mantener todo en orden y tenemos la tranquilidad de saber que la información crítica ha sido capturada.

- **Busca el equilibrio vital.** Se habla mucho de equilibrar el trabajo y el hogar. Podemos ir más allá y repartir nuestro tiempo con el servicio a la comunidad, el ejercicio físico, la socialización o la búsqueda de aficiones. Cuando dedicamos tiempo a otras áreas de nuestra vida nos da un respiro de nuestras presiones diarias.

- **Anota los planes personales y de trabajo en una misma agenda.** Así podemos ver todas nuestras obligaciones de un vistazo. Evitamos el estrés de solapar accidentalmente dos planes por no tener a mano la agenda personal o la de trabajo. También es una buena manera de ver el panorama general de la organización de nuestra vida y observar el grado de equilibrio que estamos logrando.
- **Llega temprano a cada evento del día.** No hay prácticamente ningún inconveniente en llegar temprano a los eventos programados. Siempre podemos utilizar el tiempo extra para devolver las llamadas, completar una actividad prioritaria o simplemente tomarnos un respiro durante unos minutos. Imagina una vida en la que nunca lleguemos a última hora, o peor aún, lleguemos tarde.

Procrastinación, el saboteador furtivo

He observado que la mayoría de la gente sale adelante durante el tiempo que otros pierden.

HENRY FORD

La procrastinación consiste en posponer sistemáticamente lo que hay que hacer. Lo interesante de la procrastinación es que, superficialmente, hace nuestra vida más agradable al retrasar lo que es desagradable, pero en realidad aumenta nuestra miseria al crear estrés y socavar nuestro éxito. Buscamos distracciones o esperamos hasta el último minuto para empezar un gran proyecto para evitar el malestar a corto plazo, pero en el proceso acabamos creando malestar a largo plazo.

Por otro lado, la procrastinación a corto plazo puede jugar a nuestro favor, suponiendo que establezcamos límites de tiempo para hacer algo que no esté relacionado con la tarea en cuestión. Tomarnos un descanso puede hacernos sentir más motivados y concentrados, y hacer algo creativo puede ayudarnos a cargar pilas, a encontrar soluciones a los problemas y a superar los obstáculos.

Causas de la procrastinación

Las causas y la dinámica de posponer una tarea importante o desagradable varían de una persona a otra y de una tarea a otra para la misma persona. Por ejemplo, alguien puede retrasar la elaboración de un informe de gastos, pero rellenará una revisión de rendimiento inmediatamente.

Las causas más comunes de la procrastinación son las siguientes:

- Estar abrumado por objetivos poco realistas.
- No tener o no creer en una visión.
- Miedo al fracaso o al éxito.
- Ser demasiado duro con uno mismo.
- Ser perfeccionista.
- Incapacidad para concentrarse.
- Ausencia de concentración y disciplina.
- Falta de motivación.
- No sentirse valorado o apreciado.

La espiral descendente de la procrastinación

La procrastinación suele crear una vorágine de reducción de la productividad:

1. En primer lugar, tenemos que conseguir algún resultado.
2. En segundo lugar, retrasamos y racionalizamos, inventando ventajas para empezar más tarde.
3. En tercer lugar, nos retrasamos más y más, hasta que finalmente la tarea *debe* hacerse, normalmente con prisas.
4. En cuarto lugar, repetimos el proceso, sabiendo que podemos salirnos con la nuestra.

Superar la procrastinación

He aquí algunas técnicas y consejos para superar la procrastinación y mejorar la productividad:

- Hazlo sin más. La solución obvia es simplemente hacer la tarea lo antes posible, mientras tengamos tiempo suficiente para hacer el trabajo de forma correcta.
- Dejar de recompensarnos por aplazar las cosas, por librarnos de algo o por lograr que otro haga el trabajo por nosotros.
- Recuerda que una lista de tareas prioritarias, una agenda diaria y un procedimiento sencillo de registro y recompensa harán maravillas.
- Reconoce y cambia los pensamientos y actitudes negativas sobre la tarea. En su lugar, piensa en el disfrute y el alivio que supone llevar a cabo el trabajo.
- Divide los trabajos grandes en tareas manejables y ponte en marcha. Si intentamos abordar sólo cinco minutos del proyecto puede que nos demos cuenta de que hemos trabajado más de lo previsto.
- Haz primero lo más difícil. A menudo lo más difícil que tenemos que hacer es tan abrumador que nos impide hacer cualquier otra cosa. Al quitarlo de en medio primero, podemos fluir por el resto de los elementos de nuestra lista de tareas.

- Haz primero lo más fácil. Cuando una de tus tareas diarias te parezca abrumadora, empieza por algo pequeño para coger impulso y afrontar el reto mayor.
- Date ánimos a ti mismo. Reúne la motivación y el entusiasmo por el trabajo o la tarea. Habla con las personas adecuadas y recupera la energía.

22

Es genial ganar amigos
e influir sobre las personas

Dale Carnegie, afamado autor de *Cómo ganar amigos e influir sobre las personas*, fue el maestro en este tema. Describió doce formas de influir sobre las personas:

1. **Mantén una actitud positiva.** No te tomes la reticencia como algo personal. La resistencia o las objeciones simplemente evidencian la necesidad de más información.
2. **Prepárate y observa.** Fíjate en cómo la otra parte utiliza las palabras para transmitir ideas y habla su idioma.
3. **Sé apasionado y habla con una convicción sincera.**
4. **Crea una zona de seguridad haciendo preguntas, reconociendo las preocupaciones y reformulando el punto de vista del otro.**
5. **Encuentra algo positivo y construye sobre ello.**
6. **Explica lo que le interesa a la otra persona y habla en términos del punto de vista de la otra persona.** Crea una imagen o haz afirmaciones que sean concebibles y creíbles.
7. **Capta la atención transmitiendo tu idea de forma:**
   - Interesante e inteligente.
   - Valiosa y clara.
   - Importante y vital.
   - Útil, pertinente y aplicable.

8. **Apela a los motivos más nobles.**
9. **Pon en práctica tus ideas.**
10. **Lanza un reto.**
11. **Involucra a la persona reticente colaborando con ella. O simplemente di:**
    - «Necesito tu ayuda».
    - «¿Qué te parece?»
    - «Vamos a probarlo y ver cómo funciona».
12. **Pide apoyo y llega a un acuerdo.**

Todas las personas que conoces tienen un cartel alrededor
del cuello que dice: «Hazme sentir importante».
Si eres capaz de hacerlo tendrás éxito no sólo
en los negocios, sino también en la vida.

Mary Kay Ash, fundadora de Mary Kay Cosmetics

Hacer comentarios basados en las fortalezas

Los comentarios basados en las fortalezas deberían formar parte del repertorio de todo líder para ser utilizados con frecuencia y de forma genuina. Dale Carnegie utiliza estos cuatro principios:

- **Elogiar:** sé específico y genuino sobre las cualidades de una persona.
- **Describir:** describe un caso en el que hayas observado esta cualidad.
- **Dar ejemplo:** ofrece un ejemplo de cómo esta cualidad puede resultar beneficiosa.
- **Reforzar:** termina con una declaración final positiva.

He aquí un ejemplo:

«La persona a la que voy a entregar este certificado es alguien que ilumina la sala con su sonrisa todo el día (P). Durante el descanso se desvivió por conocerme (I). Creo que esta cualidad suya seguirá ayudándola a convertirse en una gran líder (E). Hoy ha sido un gran activo para la clase (R). Por favor, ayúdenme a dar la bienvenida a Susan Jones».

Ganaremos el mundo compartiendo la gloria

Nadie que alcance el éxito lo hace sin reconocer la ayuda de los demás. Los sabios y seguros de sí mismos reconocen esta ayuda con gratitud.

ALFRED NORTH WHITEHEAD

Compartir la gloria no es sólo algo agradable para las personas, es un poderoso motivador que refuerza y recompensa los resultados más importantes que las personas crean en el trabajo, en la sociedad o en la familia. Cuando reconocemos a las personas de forma eficaz reforzamos las acciones y los comportamientos que más queremos que se repitan. Compartir la gloria es un refuerzo sencillo, inmediato y poderoso.

Principios para compartir la gloria

Para compartir la gloria adopta los siguientes principios:

- **Busca lo mejor de los demás.** Dale Carnegie dijo que cualquier tonto puede criticar, ¡y la mayoría de los tontos lo hacen! Se necesita a una persona excepcional para ver rutinariamente los puntos fuertes de los demás, en lugar de sus debilidades. Cuando intentamos ver lo mejor de los demás de forma honesta empezamos a ver a la gente desde un punto de vista completamente diferente y aprendemos a valorar más a los demás.

- **Escríbelo.** Contarle a alguien una cualidad que ves en él o ella es un gesto muy positivo. Mejor aún, ¿por qué no ponerlo por escrito? La persona no sólo puede volver a leerlo, sino que puede mostrar el cumplido escrito a otras personas.

- **Pásalo.** Norman Vincent Peale escribió: «Me he entrenado para escuchar cualquier palabra de aprobación o elogio que un individuo diga sobre otro, y para transmitirla». Transmitir un cumplido es fácil. Simplemente di: «He oído a alguien decir algo bueno sobre usted, y estoy de acuerdo...». A continuación, di en qué consiste el cumplido.

- **Sorpréndelos.** Acude para presenciar y aplaudir los logros a medida que se producen. Compartir la gloria significa compartir la experiencia, no limitarse a decir «¡bien hecho!» desde la distancia. Cuando observamos personalmente a los demás mientras crecen y alcanzan sus objetivos, ellos saben que nuestro reconocimiento es sincero y genuino.

> *Cuando escuchas algo agradable sobre otra persona*
> *se te da una opción. Puedes absorberlo y dejar*
> *que se detenga ahí mismo... O puedes desviarlo*
> *para que dé en el blanco real.*
>
> NORMAN VINCENT PEALE

Formas de compartir la gloria

Si estás en el trabajo, haz un esfuerzo especial por presentar a tu personal de apoyo a los clientes y otros asociados que participen en el proyecto. Si el destinatario no está relacionado con el trabajo, haz un gran esfuerzo por presentar a las personas relacionadas con el proyecto o la tarea y da crédito a quien lo merece:

- Escribe notas adhesivas informales y positivas sobre las contribuciones de las personas al proyecto en general, colocándolas donde puedan verse.
- Informa al equipo o a los compañeros de ayuda sobre el resultado final de los proyectos o propuestas.
- Incluye a todas las personas que hayan echado una mano en las reuniones y celebraciones de clausura, por pequeñas que sean sus contribuciones,
- Reconoce públicamente las contribuciones de otros cuando hables en público o ante la prensa.
- Comunica a la gente específicamente cómo han contribuido. Hazles saber con sinceridad que han sido indispensables para el resultado final, y de qué manera.

Apéndice A
Acerca de Dale Carnegie

Fundada en 1912, la organización Dale Carnegie ha evolucionado desde la creencia de un hombre en el poder de la superación personal hasta convertirse en una empresa de formación basada en el rendimiento con oficinas en todo el mundo. Se centra en ofrecer a los profesionales la oportunidad de mejorar sus habilidades y su rendimiento para alcanzar resultados positivos, constantes y rentables.

El cuerpo de conocimientos original de Dale Carnegie se ha actualizado, ampliado y perfeccionado constantemente a través de casi un siglo de experiencias empresariales reales. Los 160 franquiciados de Dale Carnegie en todo el mundo utilizan sus servicios de formación y consultoría con empresas de todos los tamaños y en todos los sectores empresariales para aumentar los conocimientos y el rendimiento. El resultado de esta experiencia colectiva y global es una reserva creciente de visión empresarial en la que nuestros clientes confían para obtener resultados empresariales.

Con sede en Hauppauge, Nueva York, la organización Dale Carnegie tiene sede en los cincuenta estados de Estados Unidos y en más de 75 países. Más de 2.700 instructores presentan los programas de formación en más de 25 idiomas, y se dedican a servir a la comunidad empresarial de todo el mundo. De hecho, aproximadamente 7 millones de personas han completado la formación Dale Carnegie.

La organización hace hincapié en los principios y procesos prácticos mediante el diseño de programas que ofrecen a las personas los conocimientos, las habilidades y las prácticas que necesitan para añadir valor a la empresa. Conectando soluciones probadas con retos del mundo real, la formación Dale Carnegie es reconocida internacionalmente como líder en sacar lo mejor de las personas.

Entre los graduados de estos programas se encuentran directores generales de grandes empresas, propietarios y gerentes de empresas de todos los tamaños y de todas las actividades comerciales e industriales, líderes legislativos y ejecutivos de gobiernos e innumerables personas cuyas vidas se han visto enriquecidas por la experiencia.

En una encuesta mundial sobre la satisfacción de los clientes, el 99 % de los graduados de la formación Dale Carnegie expresaron su satisfacción con la formación recibida.

Apéndice B
Los principios de Dale Carnegie

Conviértete en una persona más amigable

1. No critiques, ni condenes, ni te quejes.
2. Ofrece agradecimiento honesto y sincero.
3. Despierta en la otra persona una voluntad entusiasta.
4. Interésate de verdad por los demás.
5. Sonríe.
6. Recuerda que el nombre de una persona es para ella el sonido más dulce en cualquier idioma.
7. Aprende a escuchar. Anima a los demás a hablar de sí mismos.
8. Habla en términos de los intereses de la otra persona.
9. Haz que la otra persona se sienta importante, y hazlo con sinceridad.
10. Para ganar una discusión, evítala.
11. Muestra respeto por la opinión de la otra persona. Nunca le digas a una persona que se equivoca.
12. Si te equivocas, admítelo rápidamente y con rotundidad.
13. Comienza de forma amistosa.
14. Consigue que la otra persona diga «sí» inmediatamente.
15. Deja que la otra persona hable mucho.
16. Deja que la otra persona sienta que la idea es suya.

17. Intenta ver las cosas desde el punto de vista de la otra persona de forma honesta
18. Sé comprensivo con las ideas y los deseos de la otra persona.
19. Apela a los motivos más nobles.
20. Dramatiza tus ideas.
21. Lanza un reto.
22. Comienza con elogios y aprecio sincero.
23. Llama la atención sobre los errores de las personas de forma indirecta.
24. Habla de tus propios errores antes de criticar a la otra persona.
25. Haz preguntas en lugar de dar órdenes directas.
26. Deja que la otra persona guarde las apariencias.
27. Elogia el más mínimo esfuerzo y alaba toda mejora. Sé «sincero en tu aprobación y pródigo en tu alabanza».
28. Habla bien de la otra persona.
29. Utiliza el estímulo. Haz que los errores parezcan fáciles de corregir.
30. Consigue que la otra persona se alegre de hacer lo que le sugieres.

Principios fundamentales para superar la preocupación

1. Divide el problema en «compartimentos estancos».
2. Cómo afrontar los problemas:
   - Pregúntate: «¿Qué es lo peor que puede pasar?».
   - Prepárate para aceptar lo peor.
   - Intenta mejorar lo peor.
3. Recuerda el precio exorbitante que puedes pagar por la preocupación en términos de salud.

Técnicas básicas para analizar la preocupación

1. Obtén todos los datos.
2. Sopesa todos los hechos y toma una decisión.
3. Una vez tomada la decisión, ¡actúa!
4. Escribe las siguientes preguntas y respóndelas:
   - ¿Cuál es el problema?
   - ¿Cuáles son las causas del problema?
   - ¿Cuáles son las posibles soluciones?
   - ¿Cuál es la mejor solución posible?

Rompe el hábito de la preocupación antes de que te rompa a ti

1. Mantente ocupado.
2. No te preocupes por nimiedades.
3. Utiliza la ley de la probabilidad para bloquear tus preocupaciones.
4. Coopera con lo inevitable.
5. Decide cuánta ansiedad merece gastarse en el problema y niégate a darle más.
6. No te preocupes por el pasado.

Cultiva una actitud mental que te traiga paz y felicidad

1. Llena tu mente con pensamientos de paz, valor, salud y esperanza.
2. Nunca intentes vengarte de tus enemigos.
3. Espera la ingratitud.
4. No cuentes tus problemas, valora lo que tienes.
5. No imites a los demás.
6. Intenta sacar provecho de tus pérdidas.
7. Crea felicidad para los demás.